Anatomical Theater

Selected Poems of
Andrei Sen-Senkov

Translated from Russian by
Ainsley Morse and Peter Golub

Zephyr Press | Brookline, Mass.

Cover art by Sveta Dorosheva
Book design by *type*slowly
Printed by Cushing Malloy, Inc.

The author and translators gratefully acknowledge the following publications in which
poems in *Anatomical Theater* first appeared, sometimes in slightly different form: *Interim,
Jacket, Words Without Borders,* and *Zoland Poetry.*

We also acknowledge the assistance of the Banff International Literary Translation Centre
at The Banff Centre in Banff, Alberta, Canada.

Zephyr Press acknowledges with gratitude the financial support of
The Massachusetts Cultural Council.

massculturalcouncil.org

Zephyr Press, a non-profit arts and education 501(c)(3) organization,
publishes literary titles that foster a deeper understanding of cultures
and languages. Zephyr books are distributed to the trade in the U.S.
and Canada by Consortium Book Sales and Distribution [www.cbsd.com]
and by Small Press Distribution [www.spdbooks.org].

Cataloguing-in publication data is available from the Library of Congress.

ISBN 978-0-983297-02-4

ZEPHYR PRESS
www.zephyrpress.org

CONTENTS

АВТОКАТАСТРОФА ВНУТРИ ЕДИНОРОГА / A CAR CRASH INSIDE THE UNICORN

АНАТОМИЧЕСКИЙ ТЕАТР / ANATOMICAL THEATER

Preface

by Ainsley Morse and Peter Golub

In between two literarily notorious Moscow metro stations—the Kursky train station, from which Venichka Erofeev departs for the paradisal Petushki he will never reach (in *Moscow til the End of the Line*), and Taganka, whose infernal delights are immortalized in one of Vladimir Vysotsky's best-known songs—on a side-street in a back courtyard, there is a little clinic specializing in gynecological complaints. This is where Andrei Sen-Senkov works. He is always happy to see a visitor who doesn't need an ultrasound—"Come in, my American friend!"—and many a pleasant hour may be spent in the small examination room, its windows open onto the courtyard and walls hung sparsely with Sen-Senkov's own photographs from distant journeys. Few of Sen-Senkov's patients and colleagues know him as one of Russia's respected contemporary poets, but he doesn't lose much sleep over this. Indeed, in person Sen-Senkov exhibits none of the overrefinement of the Inspired Lyricist. He is just as likely to complain about the weather, bemoan the latest political or natural disaster, or exclaim breathlessly over a newly discovered jazz musician as he is to discuss poetry. And, when you read his poems, it all makes sense: for Sen-Senkov, anything can be poetry and everything is poetry.

Born in 1968 in Dushanbe (now the capital of Tajikistan), Sen-Senkov moved to central Russia following the break-up of the Soviet Union. He settled in Moscow in the beginning of the 2000s and joined the city's lively literary scene. His involvement in literary life has been as eclectic and wide-ranging as his choice of subjects: A tireless advocate of artistic innovation, Sen-Senkov participates in events devoted to visual poetry, sound poetry, video poetry and other multimedia endeavors, as well as in traditional poetry readings.

Translating any poet necessarily involves coming to know a new voice, a new vocabulary, a new view of the world and, often most important, a new relationship to language. Unlike many other contemporary Russian poets, whose work often reflects serious struggles (if not battles-to-the-death) with language, Sen-Senkov lives on very friendly terms with language. Even more, he has a

strong and trusting relationship to language—he wields it freely, unabashedly, with a masterful eye for fine details and ear for the precise phrase. At the same time, the relationship works both ways—language warms to such a poet and reveals unexpected possibilities and combinations.

Although he places great confidence in language, Sen-Senkov is by no means blind to its ever fluid boundaries within and beyond the confines of his native Russian:

> a five-year-old child
> who has just learned his letters
> reads JVC like ГУС

In this fragment, the child mistakes the electronics brand name for the Russian word for "goose." A mundane accident is suddenly made new and slightly comical, and in turn sets up the next unexpected simile:

> like some sort of animal
> resembling a disfigured white ball

Language gives the first nudge and the imagination takes over: If a TV can be a goose, then a goose can by all means be a soccer ball represented on that TV. These possibilities are not as much inventions as they are natural outcomes of the imagination and perception working synchronously. In a way, Sen-Senkov is engaged in something not unlike translation: just as something in the world triggers his imagination and sets him writing, the motion of the original text sets the translator translating. Indeed, Sen-Senkov is also a translator of poetry. In addition to translating from English, he also uses word-for-word lineal translations to translate from languages he does not know; it would seem this kind of translation requires consummate faith in the original words and in one's own intuitive sense of poetry. In both writing and translating poetry, then, an outside stimulus throws the imagination into motion—and Sen-Senkov puts faith in this trigger, going with rather than dictating it.

This trust in the subject, in language and in his own imagination, is the source from which all of Sen-Senkov's work flows. At the same time, the poems created in this way are necessarily ephemeral and fragmented. People, things, histories and mythologies appear and are transformed, only to disappear by the end of the phrase:

7. About the Local Leaves

some time ago David Lynch filmed *Blue Velvet* here

the oak leaves are nothing like Russian ones
they look like lopped off ears
like little broken cartilage-volcanoes
like porn mags crumpled by a disappointed God
once again, without tearing out a single page

The imagination galvanizes the oak leaves, but, instead of coming back around after their transformation, they disappear, having taken the speaker and reader of the poem into new and uncharted territory. Many of these poems work through this kind of temporary transformation of the ordinary: a world that is paradoxically uncanny and familiar flashes before us and disappears, but always leaves behind something new to consider.

Sen-Senkov writes all the time—from single poems to lengthy cycles to little two- to four-page compositions that he sends to friends via e-mail. Omnivorous and insatiable, he is always discovering things—a collection of ancient coins, ancient Tungus concepts of human anatomy, a melancholy Serbian film, geometric shapes, Chet Baker, saint's lives. Here is where his relationships to language and to the world coincide; he finds unsuspected meaning hiding in all manner of things, he unearths this meaning, and he drags it into the light:

I seem to be starting an affair with a telephone operator she has
such a soft voice it seems there are
tiny declawed fingers inside her throat

The act of perception and the act of writing are linked: Sen-Senkov pays attention at one and the same time to both the subject of his word-portrait and to his own mind as it perceives that subject. The object or person or history constantly changes as it is perceived, and the resulting poem shows us something that causes our own minds to shift down previously untrodden paths.

The omnivorous quality of Sen-Senkov's roving eye is especially interesting in its relationship to history. Here is a poet constantly delving into human history; his engagement ranges as far back as prehistoric times, but circles back again and again to a few points of particular interest—in this collection, most notably the harrowed lives of early Christian martyrs and the endless upheaval of twentieth-century Europe. It is perhaps in this cyclical interrogation of the past, and ruminations on the consequences of inevitably repeated mistakes, that Sen-Senkov is most thoroughly a poet in the Russian tradition. Though his orientation is often markedly international, he could never reflect the legendary American forgetfulness of history: he gives us a Kraftwerk concert through the lens of the Soviet occupation of Nazi Germany, and a pack of Gitanes is enough to evoke a century of persecution by various peoples and governmental structures. At the same time, Sen-Senkov is not a political poet; he is a poet of description, and politics and history come to his attention as do Barbie dolls and soccer balls.

It should be further clarified that Sen-Senkov's descriptions spring from the point where the thing observed intersects with his own imagination. As in his relationship with politics, he does not write against the world, or near it or despite it or for it, but simply *with* it. The distance between his imagination and the world he perceives is not enormous; his imagination works with and in the world, its movement recalling natural structures such as the branches of a tree, the sprawling tributaries of a river. True, his imagination produces images that often recall the more whimsical side of nature, the metaphorical equivalent of the sea-cucumber or the blue-footed booby:

> The lunar eclipse that no one noticed is offended. Quietly spiteful,
> it is doing what the gingerbread house might have done had it gone
> unnoticed by a fat, glutted, grotesque Hansel and Gretel.

We could call this imagination "inventive" or even "innovative," but we are really dealing with the natural innovation of a species evolving to accommodate ever-changing circumstances. In this way Sen-Senkov is perhaps less of an alchemist and more a naturalist of the imagination.

Bearing in mind his easy relationship to language and his faith in the twists and turns of his own imagination, it should perhaps not be too surprising that Sen-Senkov's poetry comes across easily and well in translation. Some of his imaginative leaps are more obscure than others, but this only increases the pleasure gained from following them. As a poet he is anti-hermetic—he writes to be understood, and he is generous in sharing his observations. Translators and English-language readers alike can delight in the fact that the intuitive logic of his imagination essentially transcends linguistic boundaries.

АЛБАНСКИЕ ДОМИКИ

ALBANIAN ABODES

АЛБАНСКИЕ ДОМИКИ

Агрону Туфа

.

когда с минарета запел муэдзин
слишком громко включили звук
сработала сигнализация в одном из автомобилей
менно так страшно
кричат все маленькие вещи не имеющие души
когда они пугаются бога

.

в албанском небе млечный путь не из молока
а из белых донышек пустых кофейных чашек
мы знаем того кто все выпил
просто делаем вид что не замечаем
как человека занявшего любимый столик в кафе

.

стволы четырех пальм в ряд
похожи на ноги странно стоящего слона
так ему удобней смотреть одновременно на море и горы
уже в москве листая газету объявлений
встречаю—«постригаю животненьких»
как давно парикмахер пальм не отличает море от гор?

ALBANIAN ABODES

For Agron Tufa

.

when the muezzin's song rang from the minaret
the volume was turned up so high
that an alarm began to ring in one of the cars on the street
it is exactly in this scared way
small things with no soul cry
when they are frightened by god

.

in the albanian sky the milky way is not made of milk
but from the white bottoms of empty coffee cups
we know who drank the last drop
but we pretend not to notice it
like that person who sits at your favorite table in the cafe

.

the trunks of four palms stand in a row
like the legs of a strange elephant
for whom the ocean and mountains are best seen simultaneously
back in moscow leafing through the classifieds
I come upon "pet hair stylist"
for how long has the barber of palms
made no distinction between the ocean and the mountains?

.

прощаясь говорят по-албански *mirupafshim*
чтобы самим не упасть туда
крепко держат друг друга за руки
теперь никак не выбраться пальцам из-под ногтей

.

в это время суток
флейта fuel наполняется кровью
отверстия булькают
красный кораблик музыки медленно тонет
утром измученные тридцать сантиметров подсыхают
утрачивая способность расти дальше

.

на севере в шкодре есть молочная стена
в ней замурована живая девушка
попросившая оставить снаружи одну грудь чтобы кормить ребенка
из отверстия в стене до сих пор льется белая вода
птицы пьющие ее больше не кричат на птенцов если они неживые

when parting in albania people say *mirupafshim*
so as not to fall
they tightly hold each others' hands
now there is no way for the fingers to escape from under the nails

at this time of day
the flute "fuel" fills with blood
its holes bubble
the red boat of music slowly sinks
come morning the tired thirty centimeters dry
exhausting their ability to grow further

to the north in Shkoder stands the milk wall
immured inside it is a living girl
who asked to leave one of her breasts exposed so as to feed the child
to this day white water pours from that hole
birds who drink this water not longer cry at their dead chicks

НЕЗАВИСИМОЕ ЧАЙНОЕ КИНО

I.

Да Хун Бао: «Большой красный халат». Растёт высоко в горах У-И-Шань.
Насыщенный тёмно-оранжевый настой, густой персиковый аромат.

“История Да Хун Бао”:

фильм о том,
как девушке из глухой провинции
случайно в руки попадает
журнал Cosmopolitan

она узнаёт,
что должна быть 90/60/90

все 112 минут экранного времени
она вырезает из своего тела
жирные пещерки
западных сантиметров

INDEPENDENT TEA FILMS

I.

Da Han Bao: "The Large Red Robe" grows high up in the mountains of Yu Shan.
The dark orange infusion gives off a rich aroma of peach.

"The History of Da Han Bao:"

the film is about a girl
from the remote provinces
into whose hands falls an issue
of Cosmopolitan

she discovers
that she should be 36/24/36

the entire 112 minutes of the film
she cuts small strips
of American inches
out of her body

2.

Те Гуань Инь: «Железная Гуань Инь». Лучший чай у-лун. Золотистый густой настой. Тяжёлый, словно железо, медовый вкус и аромат. Даёт сладкое послевкусие.

"Рабочий день Те Гуань Инь":

девушка работает
в маленькой оранжерее
где выращивают съедобные цветы для европейского рынка

задача девушки—
контролировать подачу воды растениям

она любит обманывать цветы
своих китайских разноцветных больных под
капельницами

она всегда знает
что их проткнут
немецкие, голландские, шведские христианские смерти

Tie Guan In: "The Iron Goddess of Mercy" is a premium variety of oolong. Rich and yellow in color, this tea produces a fragrant orchid-like aroma when steeped; the tea is floral, often giving off a rich, almost metallic, sweet aftertaste.

"A Normal Workday for Tie Guan In:"

she works in a
small greenhouse
where edible flowers grow
for the European market
her task
is to control the plants'
water intake

she likes
to trick the plants
her Chinese, multi-colored
patients on a drip

she always knows
that they will
be pierced by
German, Dutch, Swedish
Christian deaths

3.

Тайпин Хоу Коу. «Главарь из Хоукэна, уезда Тайпин». Для производства берётся «одно копьё и два знамени», то есть два листа обнимают почку. Первая заварка—ради аромата, вторая—ради вкуса, третья и последующие—ради оттенков.

"Пропажа Хоу Коу":

мальчику, заблудившемуся в горах,
добрый бог посылает шаровую молнию
мальчик не знает, как *это* называется,
но обязательно расскажет об *этом*
всем в своей деревне, когда вернётся

вдруг ребёнок понимает,
что никто ему не поверит,
что все будут смеяться и говорить "*такого* не бывает"

бог, как всегда, сделал только хуже

мальчик жалеет, что встретил *это*
(облитый бензином апельсин)
и, вытирая слёзы кулачками,
шепчет "ненавижу, ненавижу, ненавижу"

3.

Tai Ping Hou Kui. To prepare "The Peaceful Monkey Leader from Hou Keng" take "one spear and two banners", i.e., two leaves wrapped around a bud. The first brewing is for aroma, the second is for taste, and the final third is for color.

"Tai Ping Kui:"

the kind god sends
to a boy lost in the mountains
a ball of lightning
the boy does not know
what to call it
but will unquestionably
tell everyone in the village
upon his return
then the boy understands,
no one will believe him
they will laugh
"things like this don't happen"

god, as always
only made things worse

the boy regrets
seeing this orange
doused in gasoline

wiping tears with his fists
he whispers "I hate you, I hate you"

Инь Чжень. «Серебряные иглы из Цзюнь Шаня». Жёлтый чай. Технология производства отличается длинным циклом обработки, включая выдержку в замкнутом сосуде. Обладает медовым вкусом.

"Заключённый Инь Чжень":

несправедливо обвинённый в воровстве
он попадает в тюрьму

там его ежедневно и филигранно
превращают
в пекинскую подделку
жёлтых коммунистических людей

5.

Моли Цзынь Ло Сы. «Жасминовые золотые скрученные нити». Цветочно-зелёный чай. Нежный жасминовый вкус и аромат.

"Замужество Ло Сы":

невеста,
низко склонив голову,
вышивает свадебный платок

камера Panasonic Fullcam 800 делает всё,
чтобы девушка стала похожей
на умную собаку,
заранее зализывающую рану

4.

Ing Chzhen. "Silver needles from Tzun Shan make a yellow tea." Preparation is lengthy, which includes long steeping in a closed jar, creating a rich honey-like taste.

"The Imprisoned Ing Chzhen:"

wrongfully accused of theft
in prison

he is daily and with filigree
turned into a Peking forgery
of yellow communist people

5.

Mo Li Lo See. "Tightly rolled tender golden buds." A colorful green tea with a tender jasmine aroma and taste.

"The Marriage of Lo See:"

the bride
head bowed
embroiders her wedding scarf

the Panasonic Fullcam 800
does it all
in order to make her
appear
like a smart dog
surmising her wound

6.

Жень Шень Сян Пин Ван. «Владыка чаёв, дарующий бессмертие».
Прозрачный янтарный настой с сильным медовым ароматом и вкусом
и непредсказуемым послевкусием, зависящим от пола человека,
заваривающего этот чай.

"Коллекция Сян Пин Вана":

он работает в морге,
делая макияж умершим

втайне от родственников он фотографирует на Polaroid
все свои работы

коллекцию хранит в подвале дома

особенно он любит детей до года
тех, кому не позволили
досмотреть даже первую серию
серого мультфильма жизни

6.

Zhen Shen San Pin Van. "The lord of tea; bestower of immortality." The clear amber infusion with a strong honey-like aroma and taste and an unpredictable aftertaste, depending on the gender of the individual who brews this tea.

"Sin Pin Van's Collection:"

he works
in the morgue
doing make-up
for the dead

unbeknownst
to the relatives
he takes Polaroids
of all his work

his collection
is kept
in the basement
of his house

he especially
prides in the children
less than a year old
who weren't allowed
to see even the first season
of life's grey cartoon

7.

Ли Шань у-лун. «Собранный на горе Ли Шань». Высокогорный,
тайваньский. Сильный аромат горных трав.

"Жизнеописание чаньского монаха Ли Шаня":

когда в финале умирает монах
опечаленная гора
на склоне которой он прожил полвека
начинает землетрясение

так обезумевшая гора пытается расшевелить труп

тело перекатывается со спины на живот
и больно
обратно

7.

Li Shan Oolin. "Collected on the mountain." Li Shan is a high mountain Taiwanese tea with a strong aroma of mountain plants.

"The Hagiography of Ch'an Monk Li Shan:"

when in the finale
the monk dies
the saddened mountain
on the slope of which
he lived half a century
begins an earthquake

this is how
the maddened mountain
tries to revive the corpse

the body rolls
from its back
onto the stomach
and painfully
back

Пу Эр. «Чай из Пу Эра». Чёрный чай. Ценность его увеличивается с возрастом. Тёмно-коричневый настой. Сильный землистый аромат.

"Крамольные мысли Пу Эра":

в столице празднуют победу
в борьбе за право проведения летних олимпийских игр

хорошо, что все древние божества
были убиты в этой стране ещё пятьдесят лет назад
и им не нужно будет
вылезать по краям футбольного поля,
помогая китайской спортивной компартии

8.

Pu Erh. "Tea from Pu Erh" is black. Its value increases with age.
The dark brown infusion has a strong aroma of earth.

"The Seditious Thoughts of Pu Erh:"

in the capital
they celebrate victory
for the right
to have Olympic Games

it is good
that the ancient gods
were killed in this country
50 years ago
they won't have to
stalk the periphery
of the soccer field
to aid
the Chinese communist team

ЧТЕНИЕ БУДДИЙСКИХ ТЕКСТОВ, РАВНОСИЛЬНОЕ СОЗДАНИЮ НЕПОДВИЖНЫХ ПАМЯТНИКОВ

> *Не являются ли некоторые памятники*
> *печальным ответом на этот вопрос?*
> В.Кандинский

.

Вырубите лес, а не одно дерево. Из леса рождается страх.

ПАМЯТНИК СОБАКЕ КАМЮ, КОТОРАЯ НАХОДИЛАСЬ
В АВТОМОБИЛЕ,НО НА МЕСТЕ АВАРИИ
НЕ БЫЛА ОБНАРУЖЕНА:

участок человеческого тела,
к которому всегда хочет,
но не смеет прикоснуться
ни одно животное

.

Серьёзность—путь к бессмертию. Легкомыслие—путь к смерти.
Серьёзные не умирают. Легкомысленные подобны мертвецам.

ПАМЯТНИК ДЕВОЧКЕ ЭЛСИ РАЙТ, ПРОДЕМОНСТРИРОВАВШЕЙ
В 1917 Г. ФОТОГРАФИЮ, НА КОТОРОЙ ЕЙ ЯКОБЫ УДАЛОСЬ
ЗАПЕЧАТЛЕТЬ ФЕЙ:

линза
увеличивает маленькую стеклянную вещь настолько,
что видна её тонкая гортань,
тающая сразу же
после первого слова

THE READING OF BUDDHIST TEXTS, TANTAMOUNT TO THE CREATION OF IMMOBILE MEMORIALS

Do not some memorials appear as poignant
answers to this question?

V. Kandinsky

.

Fell the whole forest, and not just a single tree. Fear is born in the forest.

MEMORIAL TO CAMUS'S DOG, WHO WAS IN THE CAR
BUT NOT FOUND AT THE SCENE OF THE
ACCIDENT:

the area of the human body,
that every animal
wants to touch but does not
dare

.

Gravity is the way to immortality. Insouciance is the way to death.
The grave don't die. The insouciant are like the dead.

MEMORIAL TO THE LITTLE GIRL ELSIE WRIGHT, WHO IN
THE YEAR 1917 SHOWED A PHOTOGRAPH OF WHAT
WERE ALLEGEDLY FAIRIES:

the lens
enlarges the small glass thing to the degree
that you can see its thin throat
which melts instantly
after the first word

.

Даже злой видит счастье, пока зло не созрело.
Но когда зло созреет, тогда злой видит зло.

ПАМЯТНИК ЖЮСТИНЕ, ПОМЕЩЁННЫЙ ВНУТРИ
ПАМЯТНИКА ЖЮЛЬЕТТЕ:

рабыня
пробегает по коридорчикам в теле хозяина,
о существовании которых тот если и догадывался,
то просто боялся поверить

.

Ведь некоторые не знают, что нам суждено здесь погибнуть.

ПАМЯТНИК ДУБРОВНИКУ, ЕДИНСТВЕННОМУ ГОРОДУ,
БОЛЬШЕ ПОХОЖЕМУ НЕ НА ПЕЙЗАЖ, А НА НАТЮРМОРТ:

жёлудь,
пытаясь всем доказать,
что он—маленькое дерево,
выгрызает у себя в боку отверстие
и
умирает от счастья,
приняв выпавшего оттуда червячка
за длинную розовую птицу

Even an angry person sees happiness, before the hate has matured.
But when it matures, then the angry sees hate.

MEMORIAL TO JUSTINE, PLACED INSIDE
A MEMORIAL TO JULIETTE:

the slave woman
runs along the corridors of the master's body
if he does speculate about their existence
then he is simply afraid to believe in them

But some don't know, that we are supposed to die here.

MEMORIAL TO DUBROVNIK, THE ONLY CITY THAT LOOKS
MORE LIKE A STILLLIFE THAN A LANDSCAPE:

the acorn
tries to prove
that it is a little tree
chews a hole in its side
and
dies of happiness
mistaking the worm fallen from the hole
for a long pink bird

Человека похищает смерть, как наводнение—спящую деревню.

ПАМЯТНИК КРАСНЫМ СЛЕЗАМ, КОТОРЫМИ,
КАК СЧИТАЮТ ЯПОНЦЫ,
ПЛАЧЕТ КУКУШКА:

бог
трогает голой рукой
новорождённую, ещё покрытую горячей кровью
землянику
и,
посчитав рождение преждевременным,
брезгливо раздавливает ягоду,
отчего эта маленькая женщина
становится только красивей

.

Пусть смотрит он не на ошибки других, на сделанное и не сделанное
другими, но на сделанное и не сделанное им самим.

ПАМЯТНИК КАРЕТКЕ ПИШУЩЕЙ МАШИНКИ, НА КОТОРОЙ
Я ПЕРЕПЕЧАТЫВАЛ РУКОПИСЬ
СВОЕЙ ПЕРВОЙ КНИГИ:

холодок в паху
покрывается тёплой корочкой,
и
получившийся шарик
провисает в паутине соблазнений

Death comes to a person, like a flood to a sleeping village.

MEMORIAL TO RED TEARS, WHICH,
ACCORDING TO THE JAPANESE,
ARE WEPT BY THE CUCKOO:

God
with a bare hand
touches the newborn, still bloody
wild strawberries
and
considering the birth untimely
squeamishly crushes the berry
which makes the small woman
only more beautiful

*Let him not look at the mistakes of others, at what is done and
not done by others, but what he himself has done and not done.*

MEMORIAL TO THE CARRIAGE OF MY TYPEWRITER,
ON WHICH I TYPED OUT THE MANUSCRIPT OF
MY FIRST BOOK:

the chill to the groin
is being covered with a warm crust
and
the resulting balloon
hangs in the web of seduction

.

Придерживающиеся ложных взглядов, стыдящиеся того, чего не должно стыдиться, и не стыдящиеся того, что постыдно...

ПАМЯТНИК ЖИВОТНЫМ ВНУТРЕННЕЙ МОНГОЛИИ,
САМКИ КОТОРЫХ РОЖДАЮТСЯ УЖЕ БЕРЕМЕННЫМИ:

@

.

Слона по имени Дханапалака трудно сдержать, когда у него из висков выделяется едкая жидкость. Связанный, он не ест ни куска: слон грезит о слоновом лесе.

ПАМЯТНИК УМЕРШЕМУ ПОЗАВЧЕРА
ДЖОННИ ЛИ ХУКЕРУ:

смерть,
приходящая к чёрному мужчине,
дольше,
чем ей разрешено,
терпит оскорбительное наслаждение необыкновенных
пальцев

.

У кого совсем нет отождествления себя с именем...

ПАМЯТНИК КИТАЙСКИМ РЕСТОРАНЧИКАМ:

инь и ян
продолжают всем уже
надоевшую игру
доброго и злого следователей,
не догадываясь
хотя бы раз поменяться местами

.

Those who hold to false ideas, are shamed by what shouldn't, and are unashamed by what should . . .

MEMORIAL TO ANIMALS BORN IN CENTRAL MONGOLIA
WHOSE FEMALES ARE BORN ALREADY PREGNANT:

@

.

The elephant by the name of Dhanapalaka is hard to control when a pungent liquid excretes from his temple. Tied up he eats nothing: the elephant dreams of the elephant forest.

MEMORIAL TO JOHN LEE HOOKER WHO DIED
THE DAY BEFORE YESTERDAY:

death
comes to the black man
longer
than is permitted
bearing the offensive pleasure of extraordinary
fingers

.

Who does not have any identification with their name . . .

MEMORIAL TO CHINESE RESTAURANTS:

yin and yang
continue their game
when long ago everyone grew tired of it
good cop bad cop
they never even once
thought about changing places

Как плодовитая трава бирана, растут печали у того,
кого побеждает это несчастное желание.

ПАМЯТНИК НЕИЗВЕСТНОЙ МНЕ
ДО СИХ ПОР ЛЮБОВНОЙ ПОЗЕ:

единственное правило
вышивания иголочкой клитора—
не использовать нить
телесного цвета

.

Приятно материнство в этом мире; отцовство также приятно.

ПАМЯТНИК ДЕЗДЕМОНЕ, КОТОРОЙ ИЗМЕНИЛ ОТЕЛЛО:

шекспиру снится другая пьеса,
в которой героиня почему-то гибнет,
а не покидает сцену
с безобидной крошечной
ангинкой

.

И ты стоишь у порога смерти, и у тебя нет даже запаса на дорогу.

ПАМЯТНИК ДЛИННЫМ ЖЕНСКИМ СИГАРЕТАМ:

сувенирные мышцы поцелуя
погружают в кружок губной помады
странные вещи,
без которых женщины—
почти мужчины

Like the fecund biran grass, grief grows for him who is overcome by this unhappy wish.

MEMORIAL TO THE SEXUAL POSITION
STILL UNKNOWN TO ME:

the only rule
of clitoral embroidery
is not to use thread
the color of the body

Maternity is a pleasant thing in this world as is paternity

MEMORIAL TO DESDOMONA ON WHOM
OTHELLO CHEATED:

in a dream another play comes to Shakespeare
one in which the heroine dies but for some reason
does not leave the stage
with tiny innocent
tonsillitis

And you stand at the threshold of death, and you haven't even saved anything for the road.

MEMORIAL TO LONG WOMEN'S CIGARETTES:

a kiss' souvenir muscles
dip strange things into
the lipstick's circle
without which women
are almost men

ВИТГЕНШТЕЙН РУЧНОЙ РАБОТЫ

В доме отца,
сталелитейного магната Карла Витгенштейна,
стояло 9 роялей.
Тех музыкальных инструментов,
которых не целуют в губы.

Для его брата,
Пауля, пианиста,
потерявшего правую руку
на I Мировой войне,
Равель написал целый Концерт,
музыкальную «привилегированную среду»,
о которой гораздо позже писал Делёз
по поводу американских фильмов ужасов.

Другие его братья,
Ханс и Курт,
покончили собой в юности.
Мертвые бэк-вокалисты
выпустившей всего один альбом
(«Der Satz»,Ostwald Records 1921)
поп-группы *Ludwig & The Wittgensteins.*

Он учился в школе
в Линце
в одном классе с Шикльгрубером.
Манерным мальчиком,
любившим рисовать паровозы с вагончиками,
набитыми полосатыми березками евреев.

HANDMADE WITTGENSTEIN

In his father's house—
the steel baron Carl Wittgenstein,
stood nine grand pianos—
The kind of musical instruments
that are not kissed on the lips.

For his brother,
Paul, a pianist,
who lost his right hand
in the First World War,
Ravel wrote an entire Concerto,
a musical "privileged environment"
along the lines of what Deleuze much later
would write about American horror films.

His other brothers,
Hans and Kurt,
killed themselves in their youth.
The dead back-up vocalists
released only one album
("Der Satz," Ostwald Records 1921)
the pop group *Ludwig & the Wittgensteins*.

He studied in a school
in Linz
in the same class as Schicklgruber.
The affected boy,
who liked to draw engines and cars
full of the striped birches of jews.

Воевал на Русском фронте.

Награжден медалью.

Беленькой.

Не блестящей.

У таких наград, обычно, длинные названия.

Такие награды вручают сами себе те,

кто долго лечится.

В перерывах между уколами

они делают из пальцев пистолет

и стреляют в телеэкран по башням-близнецам.

Был учителем в деревне Траттенбах.

Избивал детей после уроков

так же длинно,

как собака высовывает язык во время полового акта.

Хотел уйти в монастырь.

Настоятелю удалось отговорить.

Когда они беседовали почти пять часов, Jesus устал.

Ему очень нравился Мавзолей Ленина.

Он говорил,

что если бы это здание заговорило

—у него был бы приятный грудной голос.

В 1936 году исповедался перед друзьями.

Попав в СССР,

мечтал отправиться в экспедицию

изучать языки народов севера.

В Наркомпросе, отказав, зло пошутили:

«А зубы и носы севера Вас не интересуют?»

He fought on the Russian front.
Decorated with a medal.
White.
Not shiny.
Such awards usually have long names—
Awards that people who convalesce for a long time
present to themselves.
During the pause between their shots
they make little guns with their fingers
and shoot at the twin towers on the television.

He was a teacher in the village Trattenbach.
Beat the children after class
for as long as
a dog sticks out its tongue during copulation.

Wanted to go to a monastery,
but the abbot managed to talk him out of it.
After talking for almost five hours, Jesus got tired.

He very much liked Lenin's Mausoleum,
and said,
that if the building talked
it would have a pleasant hushed voice.

In 1936 he made a lengthy confession in front of his friends.

In the USSR,
he dreamed of going on an expedition
to study the tongues of northern peoples.
After rejecting his request, the Ministry of Education made a mean joke:
"Could we perhaps interest you in northern teeth or noses?"

Читал Достоевского по-русски.
После смерти Витгенштейна
был найден экземпляр «Преступления и наказания»,
где в каждом слове проставлено ударение.
Миллион карандашных молний русского СС.

Хотел стать фрезеровщиком на заводе Лихачева.
Считал,
что только там изготавливают крошечные детали «серпы» и «молоты»
для всего Советского Союза.

Долго страдал от рака простаты.
На небесах,
умерев,
впервые за много лет помочился без боли.

Read Dostoevsky in Russian.
After Wittgenstein's death
they found a copy of *Crime and Punishment*
with the stress marked in each word.
A million penciled lightning bolts of the Russian SS.

He wanted to be a mill operator at the Likhachev truck factory.
He thought,
it was the only place where the nano-details of the hammer and sickle
were made for the entire Soviet Union.

For a long time he suffered from prostate cancer.
In heaven,
having died,
he urinated free of pain
for the first time in many years.

СТИЛЬ ГОДА: MILITARY

.

сталинградская битва:
пленные поют
старинную немецкую песенку
о порванной гусенице
отряда *Pirameis atalanta*
без которой
теперь не может двигаться
зеленый танк леса

.

зима в аргунском ущелье:
белый бензин сопротивления тем
кто убил
чеченскую лору палмер

.

драка на концерте clawfinger:
хрустящее приключение
сломанной косточки
музыкальной милиции

STYLE OF THE YEAR: MILITARY

.

battle of Stalingrad:
the prisoners sing
an old German song
about a ripped caterpillar
of the *Pirameis atalanta* brigade
without which
the green tank
of the forest
cannot move

.

winter in the Argun Gorge:
white gasoline
of the resistance against those
who killed the Chechen Laura Palmer

.

fight at the Clawfinger show:
crackly adventures
of the music police's
broken bones

.

лондон, теракт ira:
ставшие внезапно подробными
неинтересные секреты
двухэтажного автобуса

.

подаренная самому себе под новый год
кассета с "королевской битвой":
приближающийся к ободку жестокости
уровень жестокости
в бокале непонравившегося фильма

.

войска сс:
мальчики
неожиданно испугавшиеся
белорусского поиска нелюбимых

.

"морской бой":
напряженные клеточки
недоброй
семейной игры

.

London, IRA, a terrorist attack:
the uninteresting secrets
of the double-decker bus
suddenly became quite extensive

.

a copy of *Battle Royale*:
which I gave myself for New Year's:
the level of ruthlessness
neared the rim of the wine-glass
of the unpleasant film

.

the SS:
boys
suddenly scared
by the Belarusian search for the unloved

.

Battleship:
the tense cells
of the unkind
family game

.

биатлон, второе место:
на шее—
ленточка* разведенных ног
серебряной медали

*леночка, танечка, галечка

.

бомбардировка ирака:
нетронутое багдадской библиотеки
сгорая
не спеша продолжает искать
того единственного
которому оно не стало бы
сопротивляться

Biathlon, 2nd Place:
the ribbon's* spread legs
silver medal
dangling on the neck

*Robin, Rosalind, Roxanne

·

the bombing of Iraq:
burning
the untouched
of Baghdad's library
continues to calmly look
for the single individual
that it would not
resist

ПОЛПАЧКИ GITANES

1-ая сигарета

красное цыганское платье
шьётся по схеме томатного метро
в котором
килька движется по кольцевой линии

никогда ни одной пересадки

2-ая сигарета

в конце фильма «Табор уходит в небо»
все главные персонажи
попадают под ливень

мокрое небо визжит
это у цыганского бога
очень больно ломается голос

3-я сигарета

тысяча девятьсот сорок четвёртый год

истребление цыган заканчивается

в темноте что-то совсем неправильное
вползает под европейскую шинель
лежащей национальности

A HALF-PACK OF GITANES

1st cigarette

> the red Gypsy dress
> is sewn according to the schema of the tomato metro
> in which
> the sardines use the ring line
>
> without one transfer

2nd cigarette

> at the end of the film *Tabor Goes to Heaven*
> all the main characters
> are caught in a rainstorm
>
> the wet sky squeals
> and the Gypsy God's voice
> painfully breaks

3rd cigarette

> the year nineteen forty-four
>
> the extermination of the gypsies is coming to an end
>
> something very wrong crawls in the dark
> under the European trench coat
> of lying nationality

4-ая сигарета

цыгане считают своей прародиной
остров Цы
остров не остров
индийская ложечка
которую
кто-то любящий чай
согнул в подслащённой воде

5-ая сигарета

Совет Народных Комиссаров
принял постановление
«О мерах содействия переходу кочующих цыган
к трудовому и оседлому образу жизни»

1 октября 1926 года
в редакциях областных газет
скакали мимо цыганских мужчин опубликованные лошадки

... А потом я отдал всю пачку с оставшимися
игаретами гастарбайтеру, проходя мимо стройки

молдавские рабочие
прячутся от милиционеров

им не страшно
это просто такая игра—
стачивать свою национальность
до такого состояния
что она начинает крошиться
на московские погоны

4th cigarette

> Gypsies consider their lost homeland
> the island Tzi
> island is no island
> an Indian spoon
> bent by a tea-lover
> in sugar water

5th cigarette

> the Council of People's Commissars
> made a decree
> "Concerning the transfer of the peripatetic gypsies
> to a working and settled life"

> October 1, 1926
> on the editorial pages of local newspapers
> printed horses trotted past the Gypsy men

. . . and then, walking past a construction site
I gave the rest of the pack to a guest-worker

> the Moldavian workers
> hide from the policemen

> they're not scared
> it's just a kind of game—
> sharpening their nationality
> to the point
> that it begins to crumble
> on Moscow epaulets

В пачке оставались ещё сигарета с польским режиссёром Вайдой, чья фамилия с цыганского переводится, как «глава»; сигарета с фотографиями одиннадцати цыган, получивших в Великую Отечественную звания героев Советского Союза; сигарета с mustalaiset *(так финны называют своих цыган); сигарета с Японией, единственной страной в мире, где не живут цыгане, и сигарета с невероятным мужским именем Дуфуня.*

The pack still contained: a cigarette with the Polish director Andrzej Wajda,
whose last name, from the Gypsy, is translated as "boss"; a cigarette with
a picture of eleven Gypsies, who during WWII received Hero of the Soviet
Union medals; a cigarette with mustalaiset (that is what the Finnish call
their Gypsies); a cigarette with Japan, the only country in the world without
Gypsies; and a cigarette with the marvelous male name: Dufunya.

САМОЕ НИЖНЕЕ БЕЛЬЕ КУКЛЫ БАРБИ

★

под её платьем
иногда
можно найти ту женщину,
из-за которой
потом
девочки
целуют мягкие лапки
игрушечных советских гинекологов

★

у последней модели барби
такая нежная пластмасса,
что на ней
может остаться след от трусиков,
если,
конечно,
кукла
будет долго неудобно сидеть на чужих коленях

★

внутри этой женщины
есть то,
за что
получают зарплату
полицейские маленьких американских городов

BARBIE'S UNDER-UNDERPANTS

*

under her dress
you can sometimes
find the woman
who later causes
girls
to kiss the soft paws
of toy Soviet gynecologists

*

the latest Barbie
is made of such tender plastic
her underwear
can leave a mark
that is
of course
if for a prolonged time
the doll sits uncomfortably on the lap of a stranger

*

inside this woman
is that
for which
the policemen of small American cities
get paid

*

в наборе *всё для барби*
есть крошечный предмет,
чьё назначение не сразу понятно

когда ты догадываешься
зачем он здесь,
кукла,
вспыхнув,
резко выхватывает предмет
из твоих рук

*

она мне никогда не снилась
зато
снились страшные московские куклы семидесятых
с их честными,
ничего не обещающими,
сросшимися пальцами

*

the *complete Barbie set*
contains a tiny object
the use of which
is not obvious

when you finally figure out
what it's for
the doll
abruptly,
grabs the object
from your hands

*

she never came to me
in a dream
however
those 1970s Soviet dolls did
with their honest
innocuous fingers
always grown together

HILTON. TABA. EGYPT.

.

арабский завтрак
состоит
из двух чашек кофе
(большой и поменьше)

выпивают только большую,
а маленькую (её называют *аль-фазира*) просто безостановочно
            вертят в руках
во время утренней беседы

за семь дней я так и не узнал, куда выливают остывающий в ней кофе

.

менеджер отеля
показывает фотографии своих шести сыновей

у первых четырёх обычные мусульманские имена—
ахмед, ибрагим, али, махмуд

имя пятого звучит как-то непривычно

спрашиваю
—что оно означает?

—*последний ребёнок*

—а как же зовут шестого?—удивляюсь я

HILTON. TABA. EGYPT.

.

an Arabian breakfast
is made up of two
cups of coffee
(the first large and the second smaller)

one drinks only the large cup
the small cup (called *al fazira*) is for incessant turning in the hand
during morning conversation

over seven days I never learned where they pour out this lukewarm coffee

.

the hotel manager
shows photographs of his six sons

the first four have ordinary Muslim names
Ahmed, Abraham, Ali, Mohamed

the name of the fifth sounded somehow unfamiliar

I ask
—what does it mean?

—*the last son*

—and what did you call the sixth one? I asked surprised.

он называет и переводит

—*не последний*

.

в одной из многочисленных каирских лавок
я увидел инструмент с каким-то невероятно большим количеством струн

на вопрос—сколько их?
продавец ответил, что точно сам не знает, но что-то около ста
дело в том, что у каждого мастера своё фирменное количество струн

спросив разрешения взять инструмент в руки
я получил довольно резкий ответ
—*только женщинам*

p.s.
назвав инструмент
продавец тем же словом назвал и его смычок

.

на берегу прыгала рыба
она издавала звук, похожий на гудение крошечного пылесоса

через минуту
он сломался

.

через залив хорошо видна иордания

иордания
звучит как девичья фамилия женщины,
в которую вот-вот войдёт чужой мужчина

he gives the name and then translates

—*not the last*

.

in one of the infinite Cairo haberdasheries
I saw an instrument with an impossible number of strings

to the question—*how many are there?*
the merchant replied that he wasn't sure but around one hundred
each master has his own signature number of strings

when I asked him if I could try it out
I received a rather stern answer
—*this one is only for women*

p.s.
after naming the instrument
he called the bow by the same name

.

a fish jumped ashore
she made a noise like a tiny vacuum

after about a minute
it broke

.

across the bay there is a good view of Jordan

Jordan
could be a girl's last name into which
an unfamiliar man is about to enter

.

современные египтяне играют с древним египтом по правилам,
которые постоянно меняются
(меняются до того момента,
когда становится окончательно непонятно,
кто проиграл)

contemporary Egyptians play with ancient Egypt
according to constantly changing rules
(they change until it becomes
impossible to tell
who lost)

ЗАНОЗЫ ПЕРРИ МЕЙСОНА

В. Нугатову

Когда в движение приводится тело с заострённым хвостовым краем, поток вязкой жидкости как бы обтекает верхнюю и нижнюю поверхности и постепенно сходит на нет у среза. Тело само образует силу, достаточную для того, чтобы удержать заднюю точку полного торможения потока.

.

я расследовал дело о похищении сапфира ювелир мистер томпсон владелец сапфира описывая его сказал если бы у этого камня было лицо сфотографировать в профиль его было бы невозможно

.

энн макдермот выбросилась вчера с двадцать второго этажа полицейские уверены что это самоубийство её красивое тело заняло ещё большее пространство теперь оно там там и даже немного там

.

убили писателя-неудачника случайно спутав с кем-то в темноте я его знал немного этого айзека как-то в баре «большой куш» он читал свои стихи помню там было что-то про *чёрный клюв мясной ягоды с птичьей косточкой внутри*

PERRY MASON'S SPLINTERS

For Valery Nugatov

When a body with a sharpened tail end is put into motion the flow of viscous fluid sort of coats the upper and lower surfaces, and is gradually reduced to zero at the edge. By itself, the body builds force, enough to contain the rear point of the complete stop of flow.

·

I was investigating the theft of a sapphire
while describing the sapphire
Mr. Thompson, the jeweler who'd been robbed
said that if the stone had a face
its profile would be impossible to photograph

·

Ann McDermott threw herself out
of a window on the 22nd floor the police are convinced
it's suicide her beautiful body
takes up even more space now it is there and there
and even there

·

they killed the insolvent-writer accidentally confusing him
with someone in the dark I knew him a little that Isaac
one time at the bar "Money" he read his
poems I remember there was something about a *black beak*
a meat berry with a bird pit inside

.

вторую неделю я без работы город опустел
неудивительно лето июль звёзды светят так ярко что
больно не только глазам но и открытым участкам кожи

.

вчера вечером застрелили полицейского стреляли в
затылок очень похоже на казнь ходят слухи что это
сделали ребята из банды хромого пита пит известный
парень после очередного убийства его хромота
переходит на противоположную сторону говорят
сегодня он снова хромал на левую ногу

.

кажется у меня начинается роман с телефонисткой
у неё такой мягкий голос кажется что у неё в горле
маленькие пальчики с вырванными коготками

second week without a job the city has emptied
regular summer July stars glow so bright
that they hurt not only the eyes but the exposed
parts of the skin

a policeman was shot yesterday
in the back of the head very much like an execution
rumor has it that it was done by the boys
from limping Pita Pete's gang
Pita Pete is a famous guy they say
that after killing his limp switches sides
today he was again limping on his left side

I seem to be starting an affair with a telephone operator
she has such a soft voice it seems there are
tiny nailless fingers inside her throat

САМОУБИЙСТВО В ДОМЕ ЧАЙНЫХ ЦЕРЕМОНИЙ

Детективный роман делает преступление сюрпризом времени.
—Ж.Ф.Лиотар

.

падение крупинки сахара
выделяет в воздухе
ту тайную тропинку,
которая чуть слаще
остальных
(достигая поверхности чая, скорость крупинки
замедляется. Кажется, ей хочется оглянуться).

.

растворение крупинки сахара
подготавливает появление на её месте
нового участка нетронутой жидкости
(само событие, собственно, не запоминается.
Какое-то время лишь та тропинка в воздухе
остаётся немного прозрачнее, чем обычно.)

A SUICIDE AT THE HOUSE OF TEA CEREMONIES

The detective novel makes the crime a surprise of time.
—Jean-François Lyotard

.

the fall of a sugar grain
makes a secret path
in the air
slightly sweeter
than the rest
(reaching the surface of the tea, the grain's speed
dimishes. It seems to want to look back).

.

the dissolving sugar grain
prepares the appearance of a spot
a new space of untouched liquid
(this very act, in fact, isn't remembered
for a period of time only that path in the air
is a little clearer than usual)

ТРИ ДОМИКА, СНЯЩИХСЯ В КЛАВИШЕ *HOME*

Божьей Матери Троеручице посвящается

I.

советский певец евгений мартынов
всю жизнь
заставлял себя любить лермонтова
узнав ещё ребёнком
что его однофамилец убил поэта

чем такая любовь не домик для ниф-нифа?
поросячья коммунистически-сказочная безнадёжность

2.

в торговом центре "охотный ряд"
есть бутик naf naf
нарядная ферма
где женщины покупают для себя
розовые батарейки
на раздвоенных каблучках

3.

нуф-нуф дочитывает сказку михалкова

тихо говорит—
всё было не так
мы были внимательней
мы больше молчали

THREE HOUSES, DREAMT IN THE HOME KEY

For The Icon of the Mother of God, "The Three Hand Theotokos"

I.

all his life
the Soviet singer Evgeny Martynov
forced himself to love Lermontov
when as a child he found out
he shared his last name with Lermontov's killer

how is such a love not a house for Nif Nif?*
a pig's communist-fairytale of hopelessness.

2.

the mall near Red Square
has a small boutique called Naf Naf
a stylish farm
where women
in split heels
buy pink batteries

3.

Noof Noof* finishes reading one of Mikhalkov's fairytales

and quietly says—
no, no, it wasn't like that
we were more careful
we spoke less

<hr />

*Nif Nif, Naf Naf, and Noof Noof are the names of the Three Little Pigs in Russian.

ЛЮБЛИНО: ТРИ КОЛЕЧКА СИГАРЕТНОГО ДЫМА

.

первое (у выхода из метро, последний вагон из центра)
похоже на нимб

        я где-то читал,

        что в новгородской школе иконописи

        разрешался нимб голубого цвета

        при изображении одной святой,

        той,

        чье имя сегодня чаще других

        накалывают на предплечьях

        водители грузовиков

.

второе (недалеко от дома, рядом с довольно дорогим супермаркетом)
похоже на китайскую монетку счастья

          удобный памятник

          всем убитым на ранних сроках

          через точно такие же дырочки

.

третье колечко (на балконе двадцать второго этажа)
так боится высоты,
что сворачивается в серый шарик

          в умную планетку земля без космонавтов

LIUBLINO: THREE RINGS OF CIGARETTE SMOKE

.

the first (at the exit of the metro, the last car from the center)
looks like an aureole

> I read somewhere
> that in the Novgorod school of icon painting
> a blue colored aureole was permitted
> when depicting one saint
> she
> whose name is most often
> tattooed on the forearms
> of truck drivers

.

the second (not far from my house near an expensive supermarket)
looks like a Chinese good luck coin

> an expedient monument
> to all those killed in the first trimester
> through holes exactly like this

.

the third ring (on a twenty-second-storey balcony)
is so afraid of heights
that it curls up into a grey ball

> into a clever little Earth without astronauts

БУКВА О ДЛЯ СОККЕРА В СЕВЕРНОЙ КАРОЛИНЕ

1. о последнем фильме, просмотренном перед полетом в америку:

Red Dust
кларк гейбл владелец каучуковой плантации
подводит возлюбленную к микроскопу и спрашивает
видишь как один ластик стирает другой ластик?

я не понимаю почему женщина в ответ улыбается склонившись над
микроскопом это ведь как не дай бог увидеть все равно голодное
стихотворение в желудке которого переваривается другое стихотворение
и значит следующим туда

2. о символе штата:

птичка кардинал—
красный двукрылый крестик
висящий на живой червячковой шее

дети считают его не модным птенцы пока не выбрали религию думают
может и не надо ведь тогда больше шансов
не верить ни во что это значит можно есть все что вздрагивает от жизни

3. о чепел-хилл:

здесь жили и умерли те самые сиамские близнецы
в местном музее их единственная сохранившаяся личная вещь—
колода игральных карт

сросшиеся шестерки короли девятки . . .
у сросшихся дам красиво много женского лица

THE LETTER "O" IS FOR SOCCER IN NORTH CAROLINA

1. Concerning the last film watched during the flight to America

Red Dust
Clark Gable, the owner of a rubber plantation
motions his beloved to the microscope and asks
see how one eraser erases another?

I don't understand why in response the woman smiles bending
over the microscope, it's like seeing, God forbid, a hungry poem
whose stomach is digesting another poem
meaning that it's next

2. Concerning the State Symbol

the cardinal—
red two winged cross
hanging from the neck of a live worm

the children don't consider it to be very cool the chicks having not chosen a religion
think that maybe there is no need, for are there not more chances this way
to believe in nothing means eating anything that winces from life

3. Concerning Chapel Hill

those very Siamese twins lived and died here
the local museum keeps their only remaining personal belonging
a pack of playing cards

grown together 6s, kings, 9s . . .
the fused queens have pretty faces

под такими лицами
слезы обычно находят косточки неполучившихся передуманных мужчин

4. о времени:

в центре университетского городка—солнечные часы
на циферблате написано
сегодня это вчерашнее завтра

не всегда так
особенно летом
когда внутри солнца повышается комнатная температура
и прохладные стрелки вращаются
тонкими тенями золотого вентилятора

5. о пепси-коле:

в этом штате родился человек
придумавший кока-коле коричневого ребенка
жидкую дочку в стеклянной матке

девчонка становится вылитая мать
если отец во время родов не трогает ее руками

6. о куклах в витрине

в детском магазине
продаются заводные фигурки знаменитостей
наверное ночью здесь путается
история маленького человечества

under faces this
tears usually find the bones of failed reneged men

4. Concerning Time

there is a sundial at the center of the university campus
on the dial is written
today is yesterday's tomorrow

this is not always so
especially in the summer
when room temperature rises in the center of the sun
and the cold hands move
like the thin shadows of a gold ventilator

5. Concerning Pepsi-cola

a man born in this state
invented a brown baby for Coca-Cola
a liquid daughter inside a glass uterus

the daughter becomes the image of her mother
that is if the father does not touch her during the birth

6. Concerning Dolls in the Storefronts

the toy store
sells windup historical figurines
at night the history of a tiny humanity
probably gets a little confused

ева думает кого выбрать
адама или адольфа
останавливается на втором
все-таки у него есть фамилия
стягивающая игрушечный пах
розовой свастикой пластмассового жжения

7. о местных листьях

когда-то здесь линч снимал blue velvet

дубовые листья совсем не русские
похожи на отрезанные уши
на неработающие хрящевые вулканчики
на смятые разочарованным богом порножурналы
из которых он в очередной раз не вырвал ни одной страницы

8. о поездке к океану

океан самая волшебная синяя помойка
с удивительным костяным мусором
недоеденных соленых корабликов

стайки подводных крыс с плавниками
волны снисходительно называют рыбами

p.s. грустно-мимо америки

«Настоящее
Отгрызает прошлое у будущего»
—Верхарн

Eve considers
whether to pick Adam or Adolf
she pauses on the second
after all he has a surname
on the toy groin
with a pink swastika burned into the plastic

7. Concerning the Local Leaves

sometime ago David Lynch filmed *Blue Velvet* here

the oak leaves are nothing like the Russian
they look like lopped off ears
like the broken cartilage of small volcanoes
like the crumpled porn mags of a disillusioned God
who once again has not torn out a single page

8. Concerning the Trip to the Ocean

the ocean is the most magical blue garbage dump
full of remarkable bony refuse
salty little half-eaten ships

the waves mock
the flock of flippered water rats
by calling them fish

P.S. Sadness beyond America

> "Reality
> gnaws the past away from the future"
> —Verhaeren

колумб благополучно достигает берегов индии
новая земля обещанная гадалкой
так и не появилась на пути его кораблей
колумб бормочет никогда не верил цыганкам
зачем идиот поверил на этот раз слава богу что никто не догадывается
зачем я вообще поплыл в эту сторону
то мимо чего он проплыл
смотрит на свои пятьдесят отражений
замечает в одном из них длинную тонкую морщинку
ничего страшного
вот только жаль что теперь никогда не сравнить эту морщинку
с плащом лейтенанта коломбо

Columbus propitiously reaches the shores of India
the new land promised by the fortune teller
never got in the way of his ships
columbus mumbles, never before had I trusted gypsies
what made me this time?
thank god no one realizes
why I decided to sail this way
what he sailed past
looks at its fifty reflections
notices in one of them a thin long wrinkle
nothing to worry about
just a pity that this wrinkle will never match
Lieutenant Columbo's trench coat

РИСУНКИ НА ФУТБОЛЬНОМ МЯЧЕ

у игрока немецкой сборной
фамилия на русский
переводится как
свинья ползущая вверх
белобрысая изящная тварь

польские мальчики
заблудились на экваторе
нечем дышать
отборочный южноамериканский освенцим
польские мальчики задохнутся дважды

тополиный пух
миллион белых пушистых неофициальных мячиков
и все не засчитываются

в мексиканской текиле
утонули одиннадцать стаканчиков ислама

говорят что
круглый остров тобаго
был для романа дэниеля дефо
футбольной необитаемой программкой

в корее всего семнадцать фамилий
когда короткая фамилия произносится
внутри нее очень тихо что-то уточняется

болельщик сборной хорватии
выбегает на поле
целует ноги нападающему

DRAWINGS ON A SOCCER BALL

the last name of the player
on the german team
translates into russian as
pig crawling up
a blond graceful creature

the polish boys
got lost at the equator
with nothing to breathe
amidst the qualifying south american auschwitz
the polish boys will asphyxiate doubly

poplar down
a million white fluffy unofficial balls
and none of them counts

eleven glasses of islam
drown in mexican tequila

they say
that in the daniel defoe novel
the round island of tobago
there was an uninhabited soccer schedule

in korea there are only seventeen last names
when a short last name is pronounced
something inside it is faintly punctuated

a fan of the croatian team
runs onto the field
kisses the feet of the forward

стало одним больше
тех кто знает
что губы пальцев
одного цвета с ногтями

пятилетний ребенок
научившись буквам
читает JVC как ГУС
как какое-нибудь животное
похожее на изуродованный белый мячик

пенальти не назначено—
не нужно вилочкой
в медленное блюдо ничья

венозная кровь португальских футболок
подсыхает в корочки
в красные карточки

лицо африканского защитника
испачкано белой линией вратарской площадки
в навсегда дополнительное время

в саудовской аравии
игрокам запрещено выступать за иностранные клубы
из-за возможной потери
круглых белых песчинок
специально выращенной футбольной пустыни

в кельне мощи волхвов
увидевших две тысячи лет назад
подающего надежды христианского полузащитника

there is now one more person
who knows
that the lips of fingers
are the same color as fingernails

a five-year-old child
who has just learned his letters
reads JVC like ГУС[*]
like some sort of animal
resembling a disfigured white ball

the penalty is not called—
no need to place the fork
in the slow meal of the tie game

the venous blood on the portuguese jerseys
dries into scabs
into red cards

the face of the african fullback
is marked with the goalmouth's white line
forever in overtime

in saudi arabia
the players are forbidden to play for foreign clubs
because they may possibly lose
the round white grains
uniquely grown in the soccer desert

in cologne the relics of the magi
who two thousand years ago saw
he who gave hope to the christian halfback

[*]"Гусь" means "goose" in Russian.

позже проданный за хорошие деньги
он насмерть забивал голы

английский судья
показывает три желтых карточки
одному и тому же игроку
желтое многоточие
перевалившего за полночь
московского предложения

двухметровый крауч:
изможденный циркуль—
чуть-чуть гулливер

аргентинский тренер
в прошлом таксист
останавливался на перекрестках
бензиновых очертаний
несуществующего полуфинала

мама назвала его в честь
американского актера рональда рейгана
по семейному договору
он обязан не помнить
что актер закончился президентом

в сборной эквадора
игрока зовут guagua
в латинской америке так называют автобус
темнокожий автобус
спотыкается в одиннадцатиметровую аварию

were later sold for a good price
and he kicked in his goals to the death

the english referee
shows three yellow cards
to one and the same player
a yellow ellipsis
rolled over the night before
from a moscow proposition

two-meter crouch:
two emaciated legs of a compass—
a tad gulliver

the argentinian trainer
a former taxi-driver stopped
at the intersection of two
gasoline mirages
of the nonexistent semifinals

mom named him after
the american actor ronald reagan
with the family promise
that he was to forget
that the actor finished as president

the ecuador team
has a player named guagua
this is the name of a bus in latin america
the dark skinned bus
stumbles into an eleven-meter crash

лицо со шрамами:
в два года вылететь через лобовое стекло
чтобы мягко приземлиться в серебряном французском кошмаре

свинья не доползла до верха
красиво осталась на бронзовой ветке
немецкого футбольного метро

a scarred face:
to fly through the windshield at two years old
in order to land softly in an argentine French nightmare

the pig could not crawl to the very top
remaining elegantly perched on the bronze branch
of the german soccer metro

ПРЕКРАСНЫЙ ДЕНЬ

1.

В музее с черными стенами оплодотворилась картина. Для тех, кто не верит в кандинскую ботанику, ее цветы растут с субтитрами.

2.

Полумесяц растет в ту сторону, где Тихо. Как-будто уходит из дома, в котором сверлят человеческие соседи сверху.

3.

Никем не замеченное лунное затмение обижается. Незаметно зло делает то, что сделал бы пряничный домик, если бы его не заметили толстые, объевшиеся, некрасивые Гензель и Гретель.

4.

Ствол маленькой пальмы—пустой киндер-сюрприз, в который забыли положить шершавую фигурку. Она сейчас там, где у будущих детей только-только отрастают руки.

5.

С зонтиков скатываются инвалидные коляски с выжившими каплями дождя, с влажными участниками игр параолимпийской осени.

6.

Скомканный свет оказывается в братской корзине. Здесь, среди бумажных ненужностей, он почти ангел. Немного светится, немного летает, не спасает никого.

7.

На гербе ордена тамплиеров—два всадника на одной лошади. Усталое животное везет их туда, где после смерти они начнут обладать очарованием ограбленной квартиры.

PERFECT DAY

1.

In a black-walled museum a painting is conceived. For those who don't believe in Kandinsky's botany, its flowers grow with subtitles.

2.

The half-moon is growing towards Quiet, as if leaving a house where its human roommates drill upwards.

3.

The lunar eclipse that no one noticed is offended. Quietly spiteful, it is doing what the gingerbread house might have done had it gone unnoticed by a fat, glutted, grotesque Hansel and Gretel.

4.

The trunk of a small palm tree is an empty Kinder-Surprise that someone forgot to put the scruffy little figure into. The figure, meanwhile, is in that place where the hands of future children are just beginning to grow.

5.

Umbrellas—dripping wheelchairs with survivor-raindrops, damp participants in the Fall Paralympics.

6.

A bit of crumpled light turns up in the communal basket. Here among these paper odds and ends, it is nearly an angel. It shines a little, flies a little, and saves no one.

7.

The crest of the Knights Templar shows two horsemen riding one horse. The tired animal carries them to a place where, after death, they will begin to exude the charm of a burgled apartment.

8.

За бесконечной белой барной стойкой птичьего яйца сидит, согнувшись, одинокое существо. В долг ему уже не наливают. Скоро вышвырнут на улицу летать очередной птицей.

9.

Эмбрион соблюдает комендантский час, не растет после девяти вечера. Ему пообещали: будешь законопослушным—тогда сразу, минуя больное рождение, сразу возьмут в белоснежный парадайс какой-нибудь косметической лаборатории.

10.

Чтобы посчитать маленькую семью хватит трех пальцев. Остальные два подрагивают розовыми деревьями, под которыми ни одна Ева не хочет давиться белыми яблоками.

11.

Три головы у дракона выглядят как слишком хорошо одетая женщина в метро. Всё серое, что находится рядом с ними, старается незаметно вывихнуть свою жизнь на следующей остановке страницы.

12.

Маурицио Каттелан: страус пробивает головой бетонный пол. Теперь он там, где глаза можно уже не зажмуривать от удовольствия.

13.

Птица знает, какое крыло—левое или правое—важнее в полете. То, на котором Бог может понять перья, даже если Он не умеет читать.

14.

Вилка это ложка, у которой нож оставляет каждую ночь две глубоких царапины на спине.

8.

A lonely creature hunches over the endless white bar of a bird's egg. They won't serve him anymore on credit. Soon he'll get thrown out into the street to fly just like the next bird.

9.

The embryo observes the curfew and doesn't grow after nine o'clock in the evening. He was promised that if he abided by the law, he would get to skip the painful process of birth and instead be whisked off to the snow-white paradise of some cosmetics laboratory.

10.

You only need three fingers to count a small family. The remaining two quiver like pink trees, under which not a single Eve wants to be smothered with white apples.

11.

The dragon's three heads look like an overdressed woman in the subway. Everything gray near them tries to unobtrusively dislocate its life on the page's next station.

12.

Maurizio Cattelan: an ostrich crashes its head through a cement floor. Now it's in a place where you no longer have to squint out of contentment.

13.

The bird knows which wing—left or right—is more important for flying. The one with feathers God can understand, even if He can't read.

14.

A fork is a spoon on whose back every night a knife leaves two deep scratches.

15.

Распятый на андреевском кресте, пристегнут ремнями безопасности. Скоро приземление, паспортный контроль, выдача багажа и канонизация. Чуть не забыл сказать, что рейс сюда только чартерный.

16.

Небо, ушедшее в отпуск, набирает номер недорогой земли по вызову. На третий день будет вынужденный визит по страховке к дождю.

17.

Раньше, если ангел падал, потом он долго грустно ходил по земле. Теперь таких не делают. Разбивается вдребезги на мелкие виниловые пластинки тысяча девятьсот семьдесят восьмого плохой группы Uriah Heep.

18.

Гриб—мини-бар пятизвездочного леса с поджаренными на сковородке бутылочками дальнего подмосковья.

19.

Сердцебиение—топот ножек существа, красным запахом метящего территорию.

20.

В Швейцарии очень по-русски плачут в желтую жилетку сыра, прожигая дыры глубиной с могилку.

21.

Сентябрьский джек-пот: звездопад—жетоны рассыпающихся созвездий из межстраничной щели игрового аппарата учебника анатомии.

15.
Crucified on Saint Andrew's Cross with seatbelts. Landing soon, customs, baggage claim, and canonisation. I almost forgot to say that the flight here is charter only.

16.
While on vacation, the sky makes an inexpensive call to earth. On the third day the insurance will require a visit to the rain.

17.
Earlier, if an angel fell, he would sadly roam the earth for a long time afterwards. They don't make them like that anymore. The angel smashes into smithereens, into thousands of tiny bad 1978 Uriah Heep records.

18.
A mushroom is the mini-bar in a five-star forest, featuring pan-fried airplane bottles of the countryside not too close to Moscow.

19.
A heart beating is the faint footfalls of a creature marking its territory with a red smell.

20.
In Switzerland they cry Russian-style on the shoulder of yellow cheese, burning out holes deep as graves.

21.
September jackpot: a star shower is a disintegrating constellation of tokens from the crack between the pages of an anatomy textbook's gaming machine.

22.

Афродита так никогда и не вышла на берег. Уплыла как можно дальше, в Шотландию. До сих пор плавает среди рыб, утопленников и субмарин незамечаемым древнегреческим лох-несским чудовищем.

23.

Билет в первый ряд книги продают только тому, кто научился его перелистывать.

24.

Многоточие в конце любой книги—тройник с включенным феном для наполненной до краев ванны.

22.

Aphrodite never did come in to shore. She kept sailing as far as possible, to Scotland. She's still swimming there, among fish, drowning victims, and submarines, like an unnoticeable ancient Greek Loch Ness monster.

23.

Tickets to the first row of a book are sold only to those who know how to turn the pages properly.

24.

The three dots at the close of any book are an electrical socket with a blow dryer plugged in for an overflowing bathtub.

СТРОИТЕЛЬСТВО В ЛУЖНИКАХ КОНЦЛАГЕРЯ KRAFTWERK

.

они смотрели со сцены на нас
как смотрят в глаза
голые мужчины голым женщинам

никто из нас не отвел взгляд

.

они могли сделать с нами все что угодно

наверное так чувствовал себя мой дедушка в 45-ом
проезжая в танке
по маленьким хрупким улочкам
ему было неловко от того что он такой сильный
он боялся что немецкие девушки будут над ним смеяться

.

пальцы ральфа хюттера двигались
как еврейские девочки
выступающие в особом цирке
в том
где несмешно ходят под куполом лагеря
по колючей проволоке

THE CONSTRUCTION OF THE KRAFTWERK
CONCENTRATION CAMP AT LUZHNIKI STADIUM

.

they looked at us from the stage
the way naked men look into the eyes
of naked women

none of us turned our gaze

.

they could have done anything they wanted with us

this is probably how my grandfather felt in 1945
driving his tank
along the small brittle streets
his strength made him shy
he was afraid the German girls would laugh at him

.

the fingers of Ralf Hütter moved
like Jewish girls
performing in that circus
where they sadly walk
along barbed wire
beneath the camp cupola

.

всю ночь мне снилась
велогонка tour de france
для столетия которой они в прошлом году
написали саундтрек
они первыми догадались
что через
разбитые линзы стеклянных велосипедов
видна
самая большая государственная тайна франции

all night I dreamed
of the Tour de France
for which they wrote the soundtrack
commemorating the centennial
they were the first to understand
that through
the broken lenses of glass bicycles
France's most hidden government secret
is revealed

НАОЩУПЬ: НОВОГОДНИЕ МАГНИТИКИ НА ДВЕРЦЕ ХОЛОДИЛЬНИКА У ЖИВУЩИХ НА ШОССЕ ЭНТУЗИАСТОВ

Страдающим светобоязнью посвящается

.

магнитик с семьей кенгуру,
  с пластмассовой животной сетью
  сумчатых мини-маркетов
  из которых
  внимательно увольняются
  австралийские продавцы

.

магнитик с сороконожкой, рассматривающей
   один из пальцев
   на многочисленных ножках
   который уже опасно высунулся

   он холодный как оружие

.

магнитик со снеговиком—трехтомная тургеневская женщина
   круглой нерусской литературы

BRAILLE: NEW YEAR'S MAGNETS ON THE REFRIGERATOR DOOR
OF A FAMILY LIVING NEAR SHOSSE ENTUZIASTOV*

For Those Who Suffer from Photophobia

.

a magnet depicting a kangaroo family
    a plastic animal chain
    of marsupial mini-market
    whose
    australian grocery clerks
    are always carefully quitting

.

magnet depicting a centipede, scrutinizing
                one of the toes
                on her numerous feet
                which has dangerously protruded

                cold as a weapon

.

magnet depicting a snowman—a three-volume Turgenev woman
                of round non-Russian literature

*Shosse Entuziastov is the name of a street and subway stop which translated into English means "Enthusiast Highway."

АВТОКАТАСТРОФА ВНУТРИ ЕДИНОРОГА

A CAR CRASH INSIDE THE UNICORN

СТАДО СНЕЖИНОК УБЕГАЕТ

неожиданное потепление в декабре

стадо снежинок убегает

белый еле-еле слышимый топот

раньше времени взлетает
двухместный самолет «январь-февраль»

я устал писать имя того
кто их испугал

даже с маленькой буквы

A HERD OF SNOWFLAKES RUNS AWAY

an unexpected warming in december

a herd of snowflakes runs away

the white barely audible footfall

the two-seat plane of "january-february"
rises early

I am tired of writing the name
of the one who scared them

even with a lowercase letter

АМЕРИКАНСКИЙ ВОЕННЫЙ СПУТНИК ФОТОГРАФИРУЕТ
КАЗНЬ САДДАМА

запятая в повешенном предложении раскачивается так правильно что навсегда стыдно уметь читать

после долгой подготовки в петлю поместился грамотный столбик прочитанного наизусть тела

AN AMERICAN MILITARY SATELLITE PHOTOGRAPHS
SADDAM'S EXECUTION

the comma in the hung sentence swings so evenly that one is forever
ashamed of knowing how to read

after lengthy preparation the noose fit around the grammar table of
the read-by-heart body

НОВЫЕ ТЕХНОЛОГИИ. ДОМОХОЗЯЙКИ СЧАСТЛИВО УЛЫБАЮТСЯ

«Крики, на которые никто не обращает внимания,—
словно потрошат маленькое изящное животное»
Лоренс Даррелл

в супермаркете хорошо раскупаются
немецкие маленькие красные домики
с трубами дверцами окошками

это для тараканов

чтобы их там модно убивать

тут же за дополнительную плату можно заботливо купить набор
насекомых гробиков для не умеющих кричать перед смертью комнатных
шоколадных евреев

NEW TECHNOLOGY. THE HOUSEWIVES SMILE HAPPILY

"Screams that no one paid any attention, —
as if someone were disemboweling a small elegant animal"
Lawrence Durrell

small red german houses
with little chimneys doors and windows
sell well in the supermarket

these are for the roaches

so as to kill them fashionably

for an additional fee one can carefully select a set of insect coffins for those
who cannot scream before the death of the domesticated chocolate jews

ОБМАНУТАЯ НЕВЕСТА КОСМОНАВТА: МОЕЙ ЖЕНЕ 4 ГОДА

в глухой тамбовской деревне
где по небу летают искусственные ангелы и искусственные спутники
бабушка давит на кружки теста
ножками какой-то пластмассовой статуэтки
внучка думает что это ракета

остаются 4 точки

печенье с запахом гагарина

плакала когда узнала позже
это не ракета
какая-то дурацкая французская башня
(изящные эйфелевы плоскогубцы)

THE COSMONAUT'S BETRAYED FIANCÉE:
MY WIFE IS FOUR YEARS OLD

in the desolate Tambov village
where artificial angels and satellites fly across the sky
an old woman presses circles into dough
with the bottom of a plastic statue
her granddaughter thinks it's a rocket

four points are left

cookies with the smell of Gagarin

she cries upon realizing
that it is not a rocket
but some stupid French tower
(refined Eiffel tongs)

МАРСИЙ, ПОЯВЛЕНИЕ КОМПОЗИТОРА

Сатир Марсий подобрал флейту, брошенную Афиной, потому что она увидела, как безобразно раздуваются щеки в момент игры.

теперь все изменилось
щеки современной афины—
бледные мячики гладкого неестественного волейбола
в который играют
только когда у пальчиков
наступает полное изнеможение

Аполлон содрал с Марсия кожу, которая висит во Фригии и шевелится при звуках флейты, но недвижима при звуках в честь Аполлона.

давно уже шевелится не вся кожа
а только тот ее участок
что покрывал
комок в горле

MARSYAS: THE BECOMING OF A COMPOSER

*The satyr Marsyas picked up a flute discarded by Athena, because she saw
how horribly the cheeks puff out while playing.*

now everything has changed
the cheeks of the contemporary Athena
are the pale spheres of a smooth unnatural volleyball
which is played
only when the fingers
are overcome by complete exhaustion

*Apollo tore off Marsyas' skin, which hangs in Phrygia and moves at the sound
of the flute, but still these sounds are made in Apollo's honor.*

the entire skin has not moved for a long time
the part that still moves
once covered
the lump in the throat

ЧЕРЕПАШКИ-НИНЗЯ: МОЕ ЧУЖОЕ ДЕТСТВО

«Мы едва ли помним наше детство вообще,
если не считать, разумеется, телевизионных программ».
Элиот Уайнбергер

…

из-за плохого русского перевода у черепашки микеланджело при
падениях панцирь стучит как будто громко хлопая дверью обидевшийся
зеленый цвет покидает вниз многосерийную радугу

…

в перерывах между съемками черепашка донателло лежит в милане
маленькой сестрой могилки версаче красиво надкусывая осыпающиеся
края

…

lost in translation: черепашка с почему-то татарским именем рафаэль
сжимает в лапках мяч не понимая что впервые держит сказочное тесто
человечьего колобка в масле соседнего телеканала

…

черепашка леонардо в тайне от всех рисует по ночам какую-то самку она
не так чтобы красива но как она улыбается

THE NINJA TURTLES: MY FOREIGN CHILDHOOD

"We hardly remember our childhood,
that is, of course, if we exclude television shows."
Eliot Weinberger

...

during a fall, because of poor Russian translation, the shell of the turtle
Michelangelo sounds as if the color green, offended, slammed the door loudly
while leaving the serial rainbow

...

during breaks between filming Donatello lies in Milan like a little sister of
Versace's grave elegantly nibbling the crumbling sides

...

lost in translation: the turtle with the odd Tatar name Rafael squeezes a ball in his
mitten hands not understanding that he is for the first time holding the magical
dough of the human gingerbread man in the butter of the neighboring television
channel

...

at night Leonardo secretly draws pictures of some lady turtle she is not all that
pretty but oh when she smiles

ПРЕДСМЕРТНЫЕ ВИДЫ СПОРТА НА ОЛИМПИАДЕ 1912 ГОДА

у морских офицеров начала прошлого века был особый шик—не уметь
плавать

не двигая всеми руками медленно опускать лицо в холодный одеколон
северного моря

чтобы там не увидеть страшных подводных ангелов сборной германии
по плаванию

DEATHBED SPORTS IN THE 1912 OLYMPICS

at the beginning of the previous century it was chic for naval officers to not know how to swim

with still arms the face slowly submerges in the cold cologne of the north sea

so as not to notice the eerie submarine angels of the German swim team

ЖЕНЩИНЫ УХОДЯТ, СТАНОВЯСЬ ВЫШЕ РОСТОМ

разноцветные бактерии туфелек на шпильках—добровольно
великолепные недомогания походки

розовые таблетки от них босиком

THE WOMEN LEAVE, BECOMING TALLER

the motley bacteria of stilettoed slippers—the indisposed graceful
voluntary walk

rose pills for bare feet

АВТОКАТАСТРОФА ВНУТРИ ЕДИНОРОГА

из лобной кости розовый рог
торчит
как детская ножка
из-под автомобиля

древнегреческий пьяный вопрос
сбивший ребенка—
где вторая где вторая

A CAR CRASH INSIDE THE UNICORN

a pink horn sticks out
from the frontal bone
like a child's leg
from under a car

a drunken ancient Greek question
having hit the child—
where is the second where is the second

НЕ ПИШИТЕ ПИСЬМА. ИХ ПОТОМ ЧИТАЮТ

в одном из писем
чехов долго рассказывает
как накануне он освобождал мышей
попавших в мышеловку

отпуская их
он записывал на видеокамеру карандаша
литературную формулу-1
серых маленьких машинок
с живыми дверцами
открывающимися в кровь

а все его знаменитые чеховские рассказы
написаны так же случайно
как случайно
записывают куски телепередач на кассету с любимым фильмом

DON'T WRITE LETTERS. THEY ARE READ AFTERWARDS

in one of his letters
Chekhov divulged at length
how the day before he released mice
stuck in the mousetrap

releasing them
he recorded on the video camera of his pencil
the literary Formula One
small grey cars
with living doors
that open into blood

and all of his famous Chekhovian stories
were recorded just as fortuitously
as when
people record pieces of miscellaneous shows
onto the cassette with their favorite movie

ИУДА-НЕВИДИМКА

вокруг косточки шеи
закручивается воздух
стачивая ее в вопрос
«это правда
что осина качается без ветра?»

INVISIBLE JUDAS

around the neck's small bone
the air turns
sewing it into a question
"is it true
that the aspen sways without wind?"

КНОПКА ДЕМОГРАФИЧЕСКОГО ВЗРЫВНОГО УСТРОЙСТВА

еще один ребенок появляется из капусты
крестьяне не удивляются тому что он опять не похож на человека
привычно хрустит на зубах

и все равно и все равно бездетные крестьянки прячут от бога того кто
умеет нажимать в огороде на зеленую матку

THE BUTTON ON THE DEMOGRAPHIC EXPLOSIVE DEVICE

yet another child is born from a cabbage
the peasants are once again not surprised that he does not resemble
        a human being
that he has the same familiar crunch on the teeth

but nonetheless but nonetheless childless peasant girls keep hiding from god
the one who knows how to push on the green uterus in the garden

ЗАГАР ДОЛЖЕН БЫТЬ НА ВСЕХ УРОВНЯХ ПИЩЕВОЙ ЦЕПИ

загар должен быть на всех уровнях пищевой цепи
поэтому каждое лето бледные люди отправляются к морю
чтобы получить модные ожоги первой степени

использованные возвращаются

в глянцевых изданиях все чаще и чаще требуют
господи уже не надо лезть пальцем туда—они это заслужили

THE TAN MUST COVER ALL LEVELS OF THE FOOD CHAIN

the tan must cover all the levels of the food chain
for this reason every summer pale people go to the ocean
to receive fashionable first degree burns

thus used they return

more and more glossy magazines demand
god, there is no need to stick your finger here—they at least deserve that much

МУЗЫКА ДЛЯ КАЗНИ

первую гильотину изготовили
на фабрике клавесинов

среди множества клавишей
только она острая
только она одна проходит человека насквозь
не нарезая как остальные
омерзительные кусочки музыкальной свининки

MUSIC FOR EXECUTIONS

the first guillotine was produced
at the harpsichord factory

among the multitude of keys
it alone is sharp
it alone passes through a person completely
not cutting like the rest
the hideous pieces of musical pork

ТЕСЛА БРЕЕТСЯ НАГОЛО

рассказывают что волосы на его висках
могут поседеть за одну ночь
через месяц они снова будут угольно-черными

ему нравится эта остроумная шахматная партия прически
в которой тончайшие фигурки остаются на месте
недоуменно наблюдая смену своего цвета

название стихотворения начинает и проигрывает

TESLA SHAVES HIS HEAD

they say that the hair on his head
turned grey overnight
and in a month it will again be coal black

he likes this scintillating game of pilose chess
in which the delicate figures are left in place
anxiously observing the shift in their color

the name of the poem begins and loses

АНГЛИЙСКИЙ ЯЗЫК В МОЕЙ ЖИЗНИ / 7.08.2004

Нет в моей жизни английского языка. Но я о нем много читал.

Говорят, он необходим, чтобы научиться английскому поцелую. Тому, после которого губы на несколько лет теряют способность к другим поцелуям.

Для этого у английского языка необычное строение. В нем есть участки разросшейся кожицы, похожие на буквы L, O, V, E. Я не знаю, как они читаются и что получится, если их сложить вместе. Но мне нравится их вид.

Еще с помощью английского языка некоторые умеют говорить. Я бы многое отдал, чтобы узнать, как на нем звучит слово «любовь».

В стране Англия женщинам говорить на нем легче, чем мужчинам. Зато мужчинам легче на английском языке молчать. Дети и старики на нем могут только думать. А насекомые только понимать.

Подозреваю, что это самый красивый язык на Земле. Надеюсь, когда-нибудь я его увижу.

English is not in my life. But I've read a lot about it.

They say it is necessary, in order to learn how to English kiss. The one after which the lips, for a couple of years, lose the capacity for all other kisses.

For this the English tongue has an irregular shape. In places it has growths of skin, which resemble the letters L O V E. I don't know how to read them, or what happens when you put them together. But I like the way they look.

People can also speak with the help of the English tongue. I would give a lot to know how the word "любовь" sounded on it.

In the country of England, women speak with the English tongue better than men. On the other hand it is easier for men to be silent with it. Children and old people can only think with it. And insects can only understand.

I suspect that it is the most beautiful tongue on Earth. I hope to see it someday.

Перрен, режиссер, снявший «Птиц», очень похож на моего отца. Та же улыбка, другие птицы, другая страна.

Перед тем, как снимать кино, Перрен и его ассистенты приучали птиц к звукам будущего фильма, поднося работающие кинокамеры к яйцам с еще не родившимися птенцами, будущими «актерами». Когда-то в начале лета 68-ого я так же привыкал к голосу отца. Теперь я не боюсь кино. Часть ассистентов мертва.

Документальные «Птицы» похожи на странную охоту, чьи зафиксированные выстрелы показывают ресторанным посетителям на экранах в виде тарелок. К концу фильма тарелки сами превращаются в мишени. Кажется, птицы вот-вот начнут стрелять. Не стреляй, папа!

P.S. Завтра я иду с сыном на фильм «Птицы-2». Есть ли пока еще что-нибудь кроме птиц в его жизни?

BIRDS IN MY LIFE / 06.08.2005

Perrin, the director of *Winged Migration*, looks very much like my father. The same smile, different birds, different country.

Before shooting, Perrin and his assistants accustomed the birds to the sound of the future film by putting working cameras next to the eggs, in which the future actors dwelled. This was how, sometime in the early summer of 1968, I became accustomed to the sound of my father's voice. Now, I am unafraid of the film. Half the assistants are dead.

The documentary *Birds* resembles a strange hunt, whose focused shots are shown to restaurant customers on plate-shaped screen. At the end of the film, the plates turn into clay pigeons. It seems like the birds are going to start shooting any second now. Dad! Don't shoot!

P.S. Tomorrow my son and I are going to see the film *Birds II*. As of now, is there anything but birds in his life?

Мою кошку зовут—Мышка. Серая, девятилетняя девочка в белых носочках на лапках. Любимая третьеклассница семьи.

Странное, обидное для родственницы тигра имя она оправдывает не всегда. Иногда ее хочется переименовать в Кенгуру (когда скачет по нашей двухкомнатной австралии), в Пингвина (когда, объевшись, спит стоя, выпятив белый живот в антарктиде кухни) или в Обезьяну (когда рвутся шторы африки окон).

Девять лет в идеально чистых белых носочках . . . Как ей это удается? Есть у нее потайная стиральная машинка, спрятанный от нас компактный индезит? Или ей прислуживают языческие существа, плотно населяющие каждую квартиру московских новостроек?

У нее было всего две любви. Абсолютно черный кот. Потом— абсолютно белый кот. Такое загадочное кошачье либидо, работающее по весенним шахматным правилам. Котята же получались обыкновенными. Это как случай Набокова. Говорят, он был слабым игроком, но придумывал непревзойденные, блестящие шахматные задачи.

Ладно. Пора ее кормить. Пока буду идти к миске, буду думать о том, почему у Феллини ни одна кошка не попала в фильм.

CATS IN MY LIFE/ 21.06.2006

My cat's name is Mouse. The grey nine-year-old girl, with white socks on her paws, is the favorite 3rd grader of the family.

The tiger's cousin does not always condone her strange name. At times she wants to change it to Kangaroo (when hopping around our one bedroom Australia), to Penguin (when having overeaten she stands in the Antarctica of our kitchen), or to Monkey (when the curtains rip on the windows of Africa).

Nine years in pristine white socks . . . How does she do it? Does she have a secret washing machine, a tiny Whirlpool hidden away from us? Perhaps she is assisted by pagan spirits, the ones that tightly pack into the rooms of new Moscow apartments?

She has had two loves: a jet black tom, and then a pure white tom. Such is the mystery of the feline libido, which works by the rules of spring's chess game. The kittens all turned out normal. This was the case with Nabokov. They say he was a weak player, but could think up extraordinary, outstanding chess problems.

Anyhow, it is time to feed her. While walking to the bowl, I will contemplate why not a single cat made it into Fellini's films.

АНАТОМИЧЕСКИЙ ТЕАТР

ANATOMICAL THEATER

Впервые в западном медицинском мире упоминает о них Ксиберий (Xiberius), называя "почками". Считая их ущербными, противопоставил этим структурным единицам человеческого организма—"внутренние листья" олимпийских богов, в которых происходит образование божественной мочи. В отличии от человеческой—она изумрудного цвета. По мнению Ксиберия, у любого смертного, достигшего статуса нового божества, почки распускаются. Много позже, в XI, исландский ученый Гундерсон (Gunderson), производивший тайные вскрытия трупов, обнаружил соответственные расположения энергетических зон в гальдрастафе (северное руническое письмо): "шлем ужаса" аналогичен внутреннему строению почек. Паренхима органа, делясь на корковый и медуллярный слои, аналогична «зонам страха», а чашечно-лоханочная система почек—«зонам ожидания». Примечательно, что после этого открытия Гундерсон прекратил все свои научные изыскания.

Восточная медицина, наоборот, всегда с благоговением относилась к почкам, почитая их как драгоценные камни организма. Человек с больными почками был единственным, кто мог солгать и не быть уличенным в знаменитой Комнате Правды монастыря Шаолинь, в которой находилось зеркало, отличающее правду от лжи. К тому же корейские сон-буддисты часто использовали слово «почка» как синоним внезапного просветления.

Современные воззрения на этот парный орган отличаются выраженной полярностью и непримиримостью различных школ. И, кажется, до окончания споров еще очень далеко.

Препарат 20-30 S представляет интерес тем, что камни, образовавшиеся в этих почках, не имеют физической массы, постоянно меняют цвет и обладают половыми признаками.

Xiberius is the first to mention them in Western medicine, calling them "buds." Considering them decadent, he contrasted these structural units of the human organism to the "inner leaves" of Olympic gods, wherein occurred the production of divine urine (which, unlike the human variety, is a vivid emerald). According to Xiberius, these buds open in mortals having newly achieved divinity. Much later, in the 11th century, the Icelandic scientist Gunderson, performer of clandestine autopsies, discovered corresponding locations of energy zones in galdrastafir (northern runic letters): "the helmet of horror" is analogous to the inner structure of the kidneys. The parenchyma, divided into the cortical and medullary layers, corresponds to the "zone of fear," and the cup-shaped scapular system of the kidneys to the "zone of anticipation." It is noteworthy that after this discovery Gunderson ceased all his scientific investigations.

Eastern medicine has always revered the kidneys, considering them the precious stones of the body. A person with bad kidneys was thought to be the only one who could lie, and not be found out, in the famous Room of Truth at the Shaolin Monastery, which housed the mirror that distinguished truth from mendacity. Also, Korean Son Buddhists often used the word "kidney" as a synonym for spontaneous enlightenment.

Contemporary views regarding this twin organ are characterized by a clear polarity and incommensurability of different schools. And it seems that an end to the debate is not near.

Sample 20-30 S is an interesting specimen because the stones which formed in these kidneys do not have a physical mass, are constantly changing color, and possess characteristics of both sexes.

ПРЕПАРАТ 26-04 В ПОДЖЕЛУДОЧНАЯ ЖЕЛЕЗА (PANCREAS)

Ошибочно считается, что впервые описана Галеном (Galen), представлявшим железу как особую "подушечку" для желудка и предположившим, что содержимое частных сновидений желудка напрямую связано с физиологическим состоянием поджелудочной железы. В каждом отдельном случае сна ее ферменты создают неповторимый в процентном соотношении состав, расщепляющий т.н. "пищу".

На самом деле впервые железа описана Арикронтом (Aricront), давшим ей столь необычное название: "вся из мяса"—Pancreas. Арикронт был одним из магистров южногерманского Ордена Исчерченных, открывавших духовные истины с помощью ритуального каннибализма. Именно вкус органа, "находящегося на задней стенке живота на уровне нижних грудных (Th11–Th12) и верхних поясничных (L1–L2) позвонков" считался у членов Ордена адекватным "путешествию к Подлинности".

В средневековой Бирме лекари отказывались лечить человека с больной поджелудочной железой, считая подобные состояния организма началом редчайшего прижизненного перерождения, когда в одном теле начинали существовать две жизни. В современных справочниках по восточной медицине группа воспалительных заболеваний поджелудочной железы носит название «бирманской беременности».

А. Хоффманн (A. Hoffmann), сделавший в 1903г. первый рентгеновский снимок поджелудочной железы, описал ее форму как иероглиф "тянь"— "способна к движению, но ленивая".

В современной медицине анатомически в поджелудочной железе различают: головку, тело и хвост. По последним наблюдениям головка (*caput pancreatis*) все чаще бывает покрыта мельчайшими волосками, что, по предположению С. Уайатта (S. Wyatt), говорит нам о том, что поджелудочная железа—один из немногих органов, до сих пор находящихся в развитии. Уайатт полагает, что через несколько миллионов лет Pancreas, видимо, станет поверхностным органом и изменит свои функции.

SAMPLE 26-04 B ABDOMINAL SALIVARY GLAND (PANCREAS)

Mistakenly thought to have been first described by Galen, who considered the gland to be a special "pillow" for the stomach, and proposed that the content of the stomach's dreams is directly connected to the physiological condition of the abdominal gland. In each individual dream-instance, the gland's enzymes create a unique percentage-correlation formula, which breaks down the so-called "food."

In reality, the first to describe the gland was Aricront, who gave it the peculiar name: "completely meat": pancreas. Aricront was one of the magistrates of the south German Order of Exemplars, who discovered various spiritual truths via the ritual of cannibalism. The Order considered the taste of this organ, "located on the back wall of the stomach on the level of the lower breast (Th11–Th12) and the upper lumbal (L1–L2) spine" to be tantamount to a "Journey to Authenticity."

In medieval Burma physicians refused to treat a person with a sick pancreas, thinking this state of the organism marked the beginning of a rare intravitum metamorphosis, when two lives begin to exist in one body. In contemporary compendiums of Eastern medicine, the group of pancreatic inflammatory diseases is called "Burmese Pregnancies."

A. Hoffmann, after taking the first X-ray picture of the pancreas, described its form like the hieroglyph "T'ien"—"possessing the ability to move, but lazy."

In contemporary anatomical medicine the pancreas is recognized to have: a head, body, and tail. Recent observations show that the head (*caput pancreatis*) is with increasing frequency covered with tiny hairs. This has led S. Wyatt to suggest that the pancreas is one of the few organs still evolving, which suggests that in a few million years the pancreas may become superficial or change its function.

Форма тела железы (*corpus pancreatis*) бывает двух видов—
"первая капля дождя" (длиной до 10 см) и "последняя капля дождя"
(длиной до 6 см).

Хвост железы—точная копия хвоста тотемной обезьяны
индейского племени чиуль: конец этого хвоста медленно возвращается к
своему началу и сливается с ним.

Поджелудочная железа, вступая в функциональные
взаимоотношения с окружающими ее органами, изгибается,
вытягивается (до 30 см!) или скручивается, как улитка, в зависимости от
ферментативных эмоций, соответствующих данной ситуации.

Протоковая система поджелудочной железы—довольно
сложного строения, не случайно напоминающая схему парижского
метро. Жан Берсье (Bersiet), описавший протоковую систему, был
старшим братом архитектора Жерара Берсье, одного из создателей
метрополитена французской столицы.

Препарат 26-04 В представляет ценность как вариант редкой
аномалии развития. Данная железа в течение жизни постепенно
двигалась к полной автономии, выключаясь из пищеварительной и
кровеносной систем человека. Последние три года поджелудочная
железа вела некое замкнутое и самодостаточное существование. Этот
случай описан И. Хенрикке (I. Henrikke) и в медицинской прессе получил
название "поджелудочный монастырь".

The gland's body (*corpus pancreatis*) takes one of two forms: "the first drop of rain" (up to 10 cm in length) and "the last drop of rain" (up to 6 cm in length).

The gland's tail is a perfect copy of the tail of the totemic monkey of the Indian tribe Chimu: the end of this tail slowly returns to its beginning and merges with it.

The pancreas has a functional interrelationship with the surrounding organs, bending, stretching (up to 30 cm!) or curling like a snail, depending on the enzymatic emotions of the given circumstances.

The pancreatic ductal system is a complicated structure, and it is no coincidence that it resembles the Paris metro. Jean Bersiet, who first described the ductal system, was the older brother of the architect Gerard Bersiet, one of the founders of the Parisian underground.

Specimen 26-04 B is valuable as an example of a rare developmental anomaly. During the course of its life, the gland gradually moved to a state of complete autonomy, separating from the digestive and circulatory systems of the subject. The last three years this abdominal salivary gland lived a hermetic and independent existence. This occurrence was described by I. Henrikke and in the medical press was called "the abdominal monastery."

ПРЕПАРАТ 71-50 АОРТА (AORTA) (

Крупнейший артериальный сосуд в организме человека. Аорта выходит из левого желудочка сердца: начало ее—овальное отверстие (*ostium aortae*). Примечательно оно сходством своей формы с губами человека. Еще в рукописи XII в. анонимного монаха-цисторианина подчеркивалось "пугающее совпадение со ртом женщины". Ассирийские знахари тоже обратили внимание на "способность сердца открываться в звук". Наиболее интересными кажутся опыты жившего в прошлом веке пражского врача Доминика Недведа по расшифровке "языка сердца". Недвед полагал, что периодическое открытие *ostium aortae* несет с артериальной кровью некую информацию другим органам. Если верить ученому, то по силе выброса крови "речь" походила либо на приказы, либо на советы. Все попытки создания глоссария ни к чему не привели, после чего Недвед сравнил "язык сердца" с "языком" синих австралийских стрекоз (в те годы уже открытым группой немецких энтомологов), меняющимся с пугающей быстротой—каждые 2–3 суток.

Тунгусские шаманы использовали аорту не прошедшего инициацию и вследствие этого погибшего соплеменника в виде тетивы сакрального лука, «стреляющего внутрь». Это до сих пор скрываемый тунгусами тип оружия, о котором известна только способность его стрел «не возвращаться».

Данный препарат, рассматриваемый нами, имеет нехарактерное, уплощенное *ostium aortae* и носит название "немая аорта".

SAMPLE 71-50 AORTA (AEIRŌ)

It is the largest artery in the human body. The aorta exits the left chamber of the heart beginning with an oval opening (*ostium aortae*). It is notable for its form, which bears a likeness to human lips. In a 12th century journal of an anonymous monk, the words "there is a frightening resemblance to the mouth of a woman," are underlined. Assyrian physicians also noted "the heart's ability to open into the sounds of speech." One of the most interesting observations comes from the Prague doctor Dominique Nedved, who decoded "the language of the heart." Nedved reasoned that the periodic opening of *ostium aortae* carries with the blood certain information to the other organs. If he is to be believed, the flow of the propelled blood made either imperatives or questions. All attempts at making a glossary failed, after which Nedved compared the language of the heart with the language of blue Australian dragonflies (discovered at the time by German entomologists), which morph with frightening speed every 2–3 days.

Tungus shamans would use the aorta of a person unable to finish initiation to string the sacred bow, "that which shoots inside." This secret weapon is still used by the Tungus people; it is known only that its arrows possess the ability of "never returning."

This sample, analyzed by us, has an unusual flattening of the *ostium aortae*, earning the nickname "the mute aorta."

Один из органов, знания о котором хронологически совпадают с первыми попытками человека понять свой организм.

Пожалуй, самой древней является ацтекская цифровая интерпретация матки как «нуля-первоначала». Изображалась она в виде пересеченного круга. Ацтеки считали, что у женщины, совокупляющейся с мужчиной, матка отделяется от тела и во время коитуса становится временно мужским органом.

Валлийцы, рассказывая об Инисвитрин, «стеклянном острове» Рая, акцентировали его грушевидную (как у матки) форму, считая остров способным в будущем к рождению «гигантских карликов», которые зальют жидким стеклом земли врагов Уэльса.

Птогемер из Мессены впервые выделил у матки шейку, тело и полость. Шейка, он считал, своей изящностью готова поспорить с женами египетских фараонов. Кстати, этот древнегреческий ученый был первым, кто проводил опыты по клонированию, пытаясь для этой цели создать жизнеспособную и детородную матку вне тела женщины. Птогемер также указал на трехслойное ее строение, объяснив это необходимостью в особой прочности. Часто ребенок, зачатый от богов, находясь в матке, пытался уничтожить свою мышечную тюрьму.

Кельты считали женщину с такой анатомической аномалией, как раздвоение матки—одновременно ведьмой и святой (в зависимости от лунного цикла), а аборигены Суматры взрослую женщину, у которой нет менструаций, скармливали львам, отчего шкура последних становилась белоснежной.

Тибетские знахари лечили заболевания матки прижиганием ушных раковин, чью функцию наблюдать за звуками они полагали аналогичной наблюдению матки за мужским семенем.

Препарат 18–48 S—т. н. "движущаяся матка", которая *in vivo* была способна свободно перемещаться в полости малого таза, подниматься до подключичной области и покидать тело женщины на расстояние до

SAMPLE 18-48 S UTERUS ☽

Knowledge about the uterus chronologically parallels the first attempts by human beings to understand their organism.

Indeed, consider the ancient Aztecs' numeral interpretation of the uterus as the "zero of beginning." It was represented as a circle intersected by a line. The Aztecs believed that while a woman copulated with a man, her uterus detached and for a short time became a male organ.

The Welsh, when describing the crystal island of paradise—Inisvitrin—associated it with the pear shape of the uterus. They considered the island to be capable of giving birth to "giant dwarfs," who in the future would cover the lands of Wales's enemies in liquid crystal.

Ptohemer of Messene was the first to describe the uterus' cervix, body, and cavity. He considered the elegance of the cervix to rival the wives of Egyptian pharaohs. Also, this ancient Greek scientist was the first to conduct experiments in cloning, while trying to create a fertile uterus that could exist independent of the female body. Ptohemer also described the uterus' three-layered composition, which was essential for its resilience. Oftentimes, when a child was conceived by a god, it would try to destroy its fleshy prison.

The Celts considered a woman with the rare condition of *bicornuate uterus* (uterus with two horns) as simultaneously a witch and saint (depending on the lunar cycle), meanwhile, the natives of Sumatra would feed non-menstruating adult women to lions, which would cause the animals' coats to turn snow-white.

Tibetan sages treated an ailing uterus by searing the *pinna*. They believed the relationship of the *pinna* and sound resembled that of the uterus and semen.

Sample 18–48 S shows a so-called "travelling womb," which *in vivo* was capable of freely moving about the lower pelvic cavity, going as high as the infraclavicular region, and even leaving the woman's body by a distance

полуметра. Каким-то образом она, к тому же, реагировала на тепловые раздражители, сжимаясь почти в три раза, как тайские черные рыбки при внезапной опасности.

of two feet. In addition it somehow reacted to temperature changes, shrinking to a third of its size, like the black Thai fish when surprised or frightened.

ПРЕПАРАТ 11-18 L НИЖНЯЯ ПОЛАЯ ВЕНА (VENA CAVA INFERIOR) 🦌

Нижняя полая вена—венозный сосуд, собирающий кровь из нижних конечностей, органов таза и брюшной полости.

Первоначальное наименование «сосудистая пещера» (*angium cavica*) просуществовало до середины XVIII в., когда финский врач М.Раутиайнен, опубликовав монографию об этом сосуде, опроверг существовавшие до тех пор ложные представления. Считалось, что стенки сосуда состоят из мельчайших пещерок, в которых кровь долго сохраняется в неподвижном состоянии, образуя подобия сталактитов и сталагмитов. При обильных кровотечениях эти разрастания рассасываются, являясь тем самым депо крови.

На Тибете нижняя полая вена обозначается как «бхо да». Точно так же называется пещера, в которой молодые лекари-монахи проходят инициацию. В бхо да существуют природные фантомы, имитирующие заболевания человека. Лекарь, входящий сюда, рискует жизнью. Фантомы не прощают ошибок.

Препарат 11-18 L представляет собой нижнюю полую вену новорожденного, обладавшую одной особенностью: кровь, проходившая через нее, исчезала. Этот случай, обсуждавшийся на Амстердамской Анатомической Конференции 1979 г., был расценен как явление "черной дыры" (скопление сверхплотного вещества, втягивающего в себя окружающее время и пространство и трансформирующее их) в организме ребенка.

The postcava is a venous vessel that collects blood from the lower extremities, the pelvic and abdominal cavity.

The original name of the "vascular cave" (*angium cavica*) existed into the middle of the 18th century, until the Finnish doctor M. Rautiainen published a monograph on the vessel, denying existing misconceptions. It was believed that the vessel walls were composed of tiny caves, in which blood is stored for a long time in a fixed position, forming something akin to stalactites and stalagmites. With massive bleeding, these growths dissolve, thus becoming a sanguine depot.

In Tibet the postcava was called *bho da*; the same name signified the cave where young monk-physicians underwent initiation. Inside the *bho da* existed natural phantoms that mimicked human disease. The doctor entering this space risked his life, because the phantoms forgave no mistakes.

Sample 11-18 L represents the postcava of a newborn possessing one unique feature: the blood that moved through it disappeared. This case was discussed at the 1979 Amsterdam Anatomical Conference. The phenomenon was referred to as a "black hole" (the accumulation of superdense matter, which draws in, and transforms, surrounding space and time) in the body of the child.

ПРЕПАРАТ 04-03 М ГОРТАНЬ (LARYNX) ❚

Гортань расположена на уровне IV-VI шейных позвонков. У мужчин несколько большего размера, чем у женщин, за счет особенностей скелета гортани. Скелет представляет собой группу гиалиновых хрящей (*cartilagines laryngis*). Среди них особый интерес представляет перстневидный хрящ (*cartilago cricoidea*). В кельтской мифологии есть упоминание о гигантском коте Капалю, убивающем благородных рыцарей и делающем из их гортани перстни. В жилище каждого друида был обязательный Менгир Скорби— врытая в земляной пол пирамидка, сделанная из перстневидных хрящей гортаней людей, ставших демонами.

Шерп, впервые поднявшийся на Джомолунгму, получает кольцо, изготовленное из гортани его умершего предшественника.

Внутренними связками органа служат парные эластичные голосовые связки (*ligg. vocalia*), образующие голосовую щель (*rima glotidis*). Толщина связок и размер щели определяют тембр голоса. В XVIII в. французский биолог Филипп Лакруа (Lacroix) описал особенности строения гортани у индейцев племени тайо, живших у озера Виннипег. У них был обнаружен гигантский размер голосовой щели (до 5 см), что позволяло индейцам имитировать любой звук—от крика остановившегося в полете насекомого до любовного шепота бога Войны. Позже это племя тщательно наблюдали психологи, пытаясь понять восприятие мира человеком, владеющим всеми голосами и не имеющим собственного. Напротив, в центральном Заире было открыто племя, многие представители которого совершенно не имели голосовых связок. Это отсутствие компенсировалось искусственными пластинами из кожи жирафа, вставлявшимися в полость носа. Причину агенезии голосовых связок старейшины племени объясняли как расплату за то, что люди "слишком близко говорят как боги".

Препарат 04-03 М представляет собой гортань с тремя голосовыми связками. Человек, обладавший этой гортанью, мог объясняться только жестами. Если он говорил—слова выходили из его уст сросшимися и речь была похожа на муки кентавра, безуспешно пытающегося перекусить себя пополам.

SAMPLE 04-03 M LARYNX

The larynx is located at the level of the C3-C6 vertebrae. It is somewhat larger in males than in females, due to the peculiarities of the laryngeal skeleton. The skeleton is a group of hyaline cartilage (*cartilagines laryngis*), among which the cricoid (*cartilago cricoidea*) is of special interest. Celtic mythology mentions a giant cat named Kapali, who killed noble knights, tore out their larynxes and crafted rings from the cricoid. Every druid's dwelling featured a Mehir Tribulation: a small pyramid dug into the dirt floor, made of cricoid cartilage taken from people possessed by demons.

Upon scaling Mt. Everest for the first time, a Sherpa is awarded a ring made of the larynx of his late predecessor.

The organ's internal chords are paired with the elastic vocal cords (*ligg. vocalia*), forming the glottis (*rima glotidis*). The thickness of the ligaments and the size of the gap determine the timbre of the human voice. In the 18th century, the French biologist Philippe Lacroix described the structural features of the larynx of the Tayo Indians, who lived near Lake Winnipeg. His main discovery was the abnormal size of the glottis (up to 5 cm), which allowed the Indians to imitate any sound, from the cry of an insect stopped in mid flight to the God of War's post-coital whispers. Later, the tribe was watched carefully by psychologists, trying to understand the worldview of the people who possessed all the voices of the world except their own. By contrast, many individuals from a tribe discovered in central Zaire had no vocal chords at all. These members compensated for their condition with the use of artificial plates made of giraffe leather, which they inserted into the nasal cavity. According to tribal elders, this agenesis was retribution for the fact that human speech "too closely resembles that of the Gods."

Sample 04-03 M represents a larynx with three vocal cords. The man who had the larynx could speak only in gestures. When he spoke, the words came out fused and his speech resembled the suffering of a centaur, vainly trying to bite itself in half.

ПРЕПАРАТ 44-19 Е ЧЕРВЕОБРАЗНЫЙ ОТРОСТОК (APPENDIX) 9

Аппендикс выполняет функцию накопителя отработанных F-клеток, участвующих в образовании т. н. "внутренних слез" организма. По последним данным исследований нейрофизиологов Мичиганского Университета, все внутренние органы человека отвечают на внешние раздражители определенными реакциями. В частности, в стрессовых ситуациях вырабатывается небольшое количество секрета, служащего для профилактики психосоматических нарушений. Из-за своей прозрачности он получил название "внутренних слез".

Когда аппендикс переполняется—начинается воспалительная реакция с последующим разрушением червеобразного отростка.

История содержит множество описаний острого аппендицита у различных подлинных и вымышленных персонажей. Один из основных героев аккадской мифологии, морское чудовище Тиамат, погибло от «страшных болей в правой части живота». Чудовище взорвалось от боли. Ниимы южного Судана вообще считают, что наш мир выполз из погибшего участка «правого живота бога». Вершина Кайласа в Гималаях, где обитает Шива, с санскрита переводится как «убивающий отросток». Для индуистов эта гора—одно из самых страшных и священных мест. Человек с удаленным аппендиксом, поднявшись на Кайласу, вновь обретает утраченный орган. Индуисты уверены, что мир существует, пока «убивающий отросток» не убивает.

Препарат 44-19 Е представляет собой червеобразный отросток коренного жителя острова Фиджи, где считается, что «смерть никогда не приходит справа», т.е. болезни органов, находящихся с правой стороны, не смертельны. Поэтому туземец, умерший от осложненного аппендицита, считается соплеменниками живым до сих пор.

SAMPLE 44-19 E VERMIFORM APPENDAGE (APPENDIX) 9

The appendix serves as storage for dead F-cells involved in the formation of the so-called "internal tears" of the body. According to the latest research conducted by neurophysiologists at the University of Michigan, all human internal organs respond to external stimuli in distinct ways. In particular, during stressful situations small secretions are produced, which serve to prevent psychosomatic disorders. Because of its transparency, this secretion was given the name "internal tears."

When the appendix is full, an inflammatory reaction begins and subsequently destroys the appendix.

History contains many descriptions of acute appendicitis in various real and fictional characters. One of the main heroes of Akkadian mythology, the sea creature Tiamat, died from "terrible pain in the right abdomen." She exploded in pain. The Nima of southern Sudan believe that our world manifested from the death of "God's right stomach." The summit of Kailas in the Himalayas, said to be the abode of Shiva, translates from Sanskrit as "the killing appendage." For Hindus, this mountain is one of the most terrible and sacred places on Earth. It is believed that if a person with an appendectomy walks to the summit of Kailas, he will regain the lost organ. Hindus are convinced that the world will exist only as long as the "killing appendage" refrains from killing.

Sample 44-19 E is the appendix of an indigenous inhabitant of the island of Fiji, where it is believed that "death will never come to the right," i.e., diseases that are on the right side are never lethal. Thus, a Fijian who dies from appendicitis is considered by his fellow tribesman to still be alive.

Пожалуй, самый красивый человеческий орган. Чилийские арауканы определяли привлекательность женщины именно по оригинальности и неповторимой выразительности ее клитора. На языке арауканов этот орган назывался «вечным цветком». Во-первых, из-за своей притягательности для ядовитых насекомых. Во-вторых, лишь однажды, после смерти женщины, лепестки ее клитора распускались и «запах цветка заставлял богов забывать изобретение хищных животных». В Сиккиме девушке, выходящей замуж, дарят маленькую обезьянку, исполняющую на свадьбе роль Хранителя Цветка. По окончании свадебной церемонии обезьянку убивают и покрывают золотом, превращая в памятную статуэтку. На острове Пасхи скульпторы начинают лепить женскую фигуру с клитора, располагая тело женщины по спирали вокруг «центра Острова».

Клитор прикрепляется к лонному сочленению с помощью ножек (*crures clitoridis*). По стопе ножки, имеющей индивидуалный размер, колдуны Восточной Полинезии предсказывают маленьким девочкам количество их мужчин и цвет глаз их будущих детей.

Препарат 22-17 К был доставлен из Чили в конце XIX века и до сих пор является единственным документальным свидетельством способности клитора изменять свою форму после смерти женщины.

Perhaps, the most beautiful organ in the human body. The Chilean Mapuche determined the attractiveness of a woman by the originality and unique expression of her clitoris. In the language of Araucania this organ was called "the eternal flower." First, for its quality of attracting poisonous insects and second, because after the death of a woman, the petals of her clitoris blossom, and "the smell of the flower makes the gods forget the invention of predatory animals." In Sikkim, a girl about to be married is given a little monkey, which on the day of the wedding performs the role of Keeper of the Flower. At the end of the wedding ceremony, the monkey is killed and covered with gold, and turned into a commemorative statue. On Easter Island sculptors sculpt the female figure beginning with the clitoris, creating the woman's body in a spiral around the "center of the island."

The clitoris is attached to the *symphysis pubis* with the help of the little feet (*crures clitoridis*). By the individual size of the base, wizards in Eastern Polynesia examine the individual size of the feet to foretell young girls the number of men they will have in their lives, and the eye color of their future children.

Sample 22-17 K was brought from Chile in the late 19th century and is still the only documented evidence of the ability of the clitoris to change its form after the death of a woman.

ПРЕПАРАТ 54-41 L СОННАЯ АРТЕРИЯ (ARTERIA CAROTIS)

Данный сосуд практически не упоминается в восточной медицине, также как и все остальные органы, связанные с явлениями сна. Зато в западной традиции корпус описаний достаточно объемен.

В Абхазии злое чудовище Абнауаю, на груди у которого— топорообразный стальной выступ, прижимает к себе жертву, рассекает ей сонную артерию и питается истекающими сновидениями. Тит Ливий писал, что «кровеносный сосуд, расположенный на шее, дарован как ожерелье из необработанных камней-снов, и, чтобы придать им неотразимый блеск, владелец должен постоянно их шлифовать, т. е. научиться видеть сны наяву».

У каждого кельтского воина была сокровенная бутылочка, в которую тот собирал кровь, наполненную снами, из горла убитых врагов. Выпивая содержимое бутылочки (ее, кстати, называли Гелевер —«источник колыбельных»), воин засыпал на несколько недель. Просыпаясь, он был обязан рассказать обо всем, что видел. У викингов была аналогичная практика с «сосудом снов». С одним исключением: воин, видевший чужие сны, хранил их в себе, никому не рассказывая об увиденном.

В настоящее время сонная артерия изучена очень хорошо. В любом медицинском атласе или справочнике можно найти, к примеру, среднее количество сновидений в артерии у определенных этнических, религиозных, профессиональных и т. п. групп. Всюду описываются и заболевания с поражением сонной артерии. Самой тяжелой и пока не излечимой является болезнь Денсмора, названная по имени американского врача, впервые описавшего ее. Болезнь начинается с симптомов интоксикации—освещение снов смещается в красную часть спектра, персонажи снов становятся более причудливыми, порой сны начинают заикаться и больному грозит опасность всю ночь видеть один и тот же бесконечно повторяющийся эпизод. С прогрессированием болезни эти симптомы утяжеляются. К ним присоединяется dream-

This vessel is practically ignored in Eastern medicine, along with all the other organs connected with sleep-related phenomena. But in the Western tradition it is described in significant detail.

In Abkhazia, the baleful monster Abnauayu, who is characterized by a dolabriform steel protuberance on her chest, presses her victim to her chest and cuts the carotid artery in order to feed off the bleeding dreams. Titus Livius wrote that "the artery in the neck is a necklace made of incondite dream-stones; and in order to bring these to a fine luster, the owner must constantly polish them; i.e., learn to dream while awake."

Celtic warriors traditionally carried a small bottle full of dreams, which they collected by slitting the throats of their enemies and pouring a little blood into the vessel. They called it *gelevera*, meaning "the source of the cradle." Drinking from it, the warrior would sleep for several weeks. Upon waking he had to recount to his fellows everything he saw. The Vikings had a similar practice with the "vessel of dreams," with one major difference: the warrior, after seeing the dreams of the dead, kept them to himself without telling anyone.

Today the carotid artery has been studied quite extensively. In any medical atlas or reference book can be found, for example, the average number of dreams in the arteries of various ethnic, religious, and professional groups. The diseases connected with the carotid artery are likewise thoroughly catalogued. Of these, the most severe is Densmore disease, named after the American doctor who first described it. The first symptom of the disease is a sense of intoxication. Next, dream light shifts to the red part of the spectrum, and the characters in the dream become more and more bizarre. Sometimes the dream begins to "stutter" and the patient becomes in danger of seeing the same endlessly repeating episode all night long. With severe progression of the disease, the symptoms worsen, and are accompanied by dream-micropsia: the condition of very small dreams. At this stage the patient goes into a kind of trance about which very little is known. There is no cure for Densmore Disease,

микропсия (больной видит сны очень маленького размера), большую часть времени он плавает в некоем околосонном пространстве, о котором известно предельно мало. Причины, вызывающие болезнь Денсмора, не известны. Замечено лишь, что заболевают чаще люди с постоянным нарушением биоритмов (летчики, гастролирующие артисты и др.).

Препарат 54-41 L—образец сонной артерии человека, погибшего от болезни Денсмора. В ней нейроангиологи обнаружили несколько еще не увиденных снов.

and its causes are unknown. However, there does seem to be a higher rate of the disease in people with constantly disrupted biorhythms (e.g., pilots, touring artists, and others).

Sample 54-41 L is the carotid artery of a man killed by Densmore Disease. During the autopsy, the neurologists discovered several dreams that had not yet been seen by the patient.

Мышечный орган, длиной 7–12 см, расположен в ротовой полости человека и выполняет множество функций, в которые он по-разному вовлечен у определенных этнических групп. У аборигенов Мадагаскара он выполняет функцию желудка, отсутствующего у них с рождения, а верхушка языка (*apex linguae*) в случае необходимости может заменить потерянный глаз. Человек, правда, видит черно-белое изображение. Верхушка иногда бывает ороговевшая, к примеру, у жителей северной Индии, и служит оружием. С раннего возраста мальчиков обучают выбрасывать язык на расстояние до полуметра, перенося в его верхушку энергетический центр. Этот стиль ведения боя получил на Западе название "взгляда лягушки".

Помимо верхушки в языке выделяют также тело (*corpus linguae*) и корень (*radix linguae*). Тело языка покрыто 5 группами сосочков (*lingual papillae*). Первая—нитевидные сосочки, воспринимающие объем и форму объектов, попадающих в ротовую полость. Также эта группа является мини-рентгеновским аппаратом, выявляющим внутреннее строение предметов. Вторая группа сосочков— конусовидные, аналогичные по назначению нитевидным, плюс поставляют информацию о следах секреторной деятельности насекомых в растительной пище, употребляемой человеком. Третья и четвертая группы—желобовидные и листовидные сосочки, являющиеся вкусовыми рецепторами. Желобовидные фиксируют вкус, ранее известный человеку (сладкий, мятный и т. п.), листовидные - ранее не изведанный. И пятая группа сосочков—грибовидная. Это терморецепторы и центры вкусовых галлюцинаций, активизирующиеся при опухолях лобной доли головного мозга и в момент наступления самадхи у последователей тантрической йоги. Сосочки составляют индивидуальный узор языка, столь же неповторимый, как радужная оболочка глаза человека. В медицине известны случаи полного отсутствия сосочков языка. У наблюдавшихся пациентов было выявлено компенсаторное увеличение обонятельной функции (вплоть

The tongue is a muscle, 7–12 cm. in length, located in the oral cavity and responsible for a number of functions, differing among ethnic groups. For the aborigines of Madagascar it performs the function of the stomach, which is absent in the group from birth. The tip of the tongue (*apex linguae*), if necessary, can replace a lost eye; however, the person can use this surrogate to see only in black and white. The tip of the tongue is sometimes keratinized, and a group of inhabitants in northern India use it as a weapon. From an early age the boys are taught to fling the tongue out to half a meter, while transferring the body's energy center to the tip. In the West, this style of combat is known as "frog eyes."

In addition to the tip, the tongue is also divided into the body (*corpus linguae*) and the root (*radix linguae*). The tongue is covered by five groups of growths (*lingual papillae*). The first are the *filiform papillae*, which perceive the volume and form of objects that fall into the oral cavity. Also, this group functions as a mini-X-ray machine, revealing the internal structure of objects. The second group of papillae is the cones, which are analogous to the *filiform*, but in addition provide information on the traces of insect secretions in plant matter consumed by humans. The third and fourth groups are the *circumvallate papillae* and the *folate papillae*, which are the taste receptors. The *circumvallate* establish tastes previously experienced (e.g., sugar and mint), while the *folate* establish previously unknown taste sensations. The final and fifth group of *papillae* is the *fungiform*. These are thermoreceptors and centers for taste hallucinations brought on by frontal-lobe tumors, as well as by the onset of *samadhi* following tantric yoga. Every tongue has a unique pattern of *papillae*, just as unique as the iris of each human eye. Medical history has documented, however, some rare cases of patients with a complete lack of *papillae*. The documented patients revealed a compensatory increase in olfactory function (with some having olfactory receptors in the esophagus), and the ability to see infrared light. One of the patients, a certain Joshua Byrnes, later wrote a book entitled, *Black Apple* (Benson. LA, 1968), in which he describes color analogs for all the varieties of taste.

до обнаружения обонятельных рецепторов в области пищевода) и способность видеть инфракрасные лучи. Один из наблюдавшихся, некий Джошуа Бирнс (Joshua Byrnes), позже написал книгу "Черное яблоко" (*Black Apple*, Benson Pbl., LA, 1968), переведя в цветовые аналоги все разновидности вкуса.

Болезни и травмы языка чаще встречаются в странах с жарким климатом. Так, в центральной Африке есть маленькая и безобидная с виду птица, единственным местом откладывания яиц для которой является человеческий язык, который она вырывает своими когтями изо рта. На Цейлоне есть ягоды (семейство пасленовых), которые, попав на язык, вызывают изменения его формы. Язык сворачивается вокруг ягоды в трубку, затвердевает и выпадает изо рта. Тайные мастера делают из таких трубок флейты.

Препарат 30-34 F представляет собой "калькуттскую" разновидность язычковой флейты. Отличие—в более изогнутой форме.

Illnesses and injuries related to the tongue are more common in countries with hot climates. In central Africa, the human tongue plays a part in the reproduction cycle of a small and harmless-looking bird *(corvus lingus)*. The bird lays its eggs in the tongue, which it pulls out of the individual's mouth with its claws. In Ceylon, a berry of the family *solanaceae* causes the shape of the tongue to change. The tongue folds around the berry in a tube, hardens, and falls out of the mouth. It is said that a group of reclusive monks once made flutes from these tubes.

Sample 30-34 F is a Calcutta variety lingular flute, which is distinguished by a more curved shape.

ПРЕПАРАТ 50-11 Н ПРЕДСТАТЕЛЬНАЯ ЖЕЛЕЗА (PROSTATA) ⬛

Непарный орган из железистой и гладкомышечной ткани, расположенный в полости малого таза под мочевым пузырем, размером 4 х 3 х 2 сантиметров. Всегда считалось, что простата имеется лишь у мужчин, но в начале 80-х группа ученых Стокгольмской медицинской Академии сделала сообщение о том, что редуцированная форма железы выявлена в женском организме. Расположение—по задней стенке матки, функции—отсутствуют, что позволяет железе вести абсолютно свободное существование. Если вспомнить, что у мужчин в семенном холмике есть анатомическое образование под названием предстательная маточка (*utriculus prostaticus*), становится ясным даосское определение простаты как совершенного органа. Китайские алхимики обозначали железу знаком иньской свастики (направленной против часовой стрелки) и считали местом создания "духовной яшмы", высшего минерала во внутренней даосской алхимии. Кремируя дзенского монаха, предстательную железу отделяли от тела и сжигали отдельно, ища в пепле "сарира", святые останки. В южных районах Индии черепа на шее богини Кали изображались в форме каштанов (характерная форма простаты), а Кундалини нередко держит в руках гигантский каштан. В Корее существует целый корпус сказок для девочек, в котором простата ("южное сердце мужчины") осмеивается и обожествляется. В этих сказках зашифрованы все известные патологические состояния предстательной железы. В "Жизнеописаниях богов" Фаллеста с Крита гора Олимп сравнивается с "мужским первоначалом, явленным смертным" Кроноса, отца Зевса.

Сок, выделяемый предстательной железой, содержит в себе все известные химические элементы, что заставляет ученых воспринимать простату как резервуар для создания в будущем новых внутренних структур организма.

Препарат 50-11 Н, «железа, совершающая сэппуку», доставлена с Хоккайдо, где у представителей мужской части острова давно выявлено наличие двух физиологически развитых предстательных желез. Одна из них, «императорская», в то время, когда мужчина начинает вести половую жизнь, совершает ритуальное самоубийство, скручиваясь вокруг себя и перекрывая приток крови.

SAMPLE 50-11 H PROSTATE (PROSTATA) ▪

The prostate is an unpaired organ made of glandular and nonstriated tissue. It is a compound tubuloalveolar exocrine gland of the male reproductive system located in the pelvic cavity below the bladder, measuring 4 x 3 x 2 cm. It was always thought that the prostate belonged only to males, but in the early 1980s a group of scientists from the Stockholm Medical Academy reported that a reduced form of gland is found in the female body, located in the back wall of the uterus. It serves no function, allowing the gland to live a completely free existence. If we recall that in men the verumontanum has an anatomic structure called Weber's organ (*utriculus prostaticus*), the Taoist understanding of the prostate as the perfect body becomes clear. Chinese alchemists designated the gland with a Yin swastika (counterclockwise) and considered it the origination of "spiritual jasper," the most important mineral in the internal Taoist alchemy. When cremating a Zen monk, the prostate gland was removed from the body and burned separately, after which the ashes were searched for "sarir," sacred remains. In southern parts of India, the skulls on the neck of the goddess Kali are depicted in the form of chestnuts (the characteristic shape of the prostate), and Kundalini is often depicted holding a giant chestnut. In Korea, there is a whole corpus of fairy tales for girls, in which the prostate ("a man's southern heart"), is ridiculed and deified. These tales are encrypted with all the known pathological conditions of the prostate. In *Lives of the Gods*, Fallesta from Crete compares Mount Olympus with the "male origin, and manifest mortality" of Cronos, father of Zeus.

The juice secreted by the prostate contains all the known chemical elements, which has led scientists to believe that the prostate is a reservoir for the future establishment of new internal structures of the body.

Sample 50-11 H, "the gland that committed seppuku," was delivered from Hokkaido, where representatives of the male part of the island have long been identified as having two fully developed prostate glands. At the onset of sexual maturity, one of the two (referred to as "imperial,") commits ritual suicide, twisting itself into a knot and cutting off the flow of blood.

ПРЕПАРАТ 89-39 Z ПЕЧЕНЬ (HEPAR)

Печень состоит из трех основных долей—правой (lobus dexter), левой (lobus sinister) и хвостатой (lobus caudatus). Название органу дал придворный лекарь фессалийского царя Меркса. Вскрывая умерших, он сравнивал зернистость печени (hepar) с узорами на шкуре гепарда (hepard), а наличие долей—с головой, телом и хвостом. С того первого опыта началась традиция в античном медицинском мире описывать анатомию, патологические и функциональные нарушения печени, сравнивая их с явлениями животного и растительного мира. О воротной вене (vena porta), проходящей рядом с печенью, говорили, к примеру, как о "красном плюще, вяжущем лапы гепарда". Желчный пузырь (vesica fellea), лежащий под печенью, называли "горьким львенком", а желчные протоки (vasa bilifera)—"желтым кустарником". Увеличение печени (гепатомегалия) описывали как "внезапно растущий лес", воспалительные и цирротические процессы—как "гору, болеющую смертью".

В южной Африке слово «печень» служило частью названия всех других органов человека. Легкие назывались «воздушной печенью», сердце—»стучащей печенью», глаза—«печенью с ресницами», зубы—«каменной печенью», уши—«печенью с отверстиями», яички—«семенной печенью» и т. д.

На Тайване из печени после специальной термической обработки делают амулеты. Китайцы, живущие на том острове, справедливо полагают, что клетки печени (гепатоциты), по форме напоминающие изображения мандалы,—мощные энергетические воины.

В северных районах Древней Руси на лбу больного желтухой знахари рисовали бога Солнца Ярилу в виде овала, разделенного на три части, по необъяснимой причине совершенно точно соблюдая масштаб соотношения размеров трех долей печени.

В школе Синдзай мастера икебаны издавна используют кусочки высушенной печени в виде компонентов композиции. По замыслу мастера, печень выходит на новый уровень существования в виде нового органа умерщвленных человеком растений.

SAMPLE 89-39 Z LIVER (HEPAR)

The liver consists of three major parts: the right (*lobus dexter*), the left (*lobus sinister*) and the caudate (*lobus caudatus*). The name of the organ was given by the court physician of the Thessalian king Merks. Conducting autopsies, he compared the granulation of the liver (*hepar*) with the patterns of a leopard's pelt (*hepard*), and its different parts with the cat's head, body and tail. From then on it became customary in the ancient medical world to describe anatomy, including the pathological and functional disorders of the liver, by comparing it with phenomena in the animal and plant world. For example, the portal vein (*vena porta*), which passes close to the liver, was likened to "red ivy, binding the paws of the leopard." The gall bladder (*vesica fellea*), which lies under the liver, was called "the bitter lion cub," and the bile ducts (*vasa bilifera*) were called "yellow bushes." Enlargement of the liver (*hepatomegaly*) was described as "sudden forest growth," and inflammatory and cirrhotic processes as "the mountain, suffering from death."

In South Africa the word "liver" formed a part of all the other names of organs. The lungs were called "air livers," the heart "knocking liver," the eyes "liver with eyelashes," the teeth "stone livers," the ears "liver with holes," the testicles "seed liver," and so on.

In Taiwan, amulets are crafted from livers that have undergone a special thermal treatment. Chinese living on the island honestly believe that the liver cells (*hepatocytes*) resemble the image of the Mandala—a powerful energy warrior.

In the northern parts of ancient Russia, shamans would draw a circular image of the sun god Yaril on the forehead of jaundiced patients. The image was divided into three parts: remarkably, they corresponded perfectly to the three parts of the liver.

In the Sindzay School, ikebana masters have long used pieces of dried liver as a component of their composition. According to the great master, the liver transcends to a new plane of existence in the form of plant matter.

Печень—анатомическая структура, в которой наиболее часто определяются метастазы рака других органов. В конце XIX в. в Лионе был издан атлас, где в виде схематических рисунков, узоров и орнаментов был описан достаточно внушительный материал по этой теме, собранный по всей Европе. По своей форме метастазы злокачественных опухолей напоминали музыкальные инструменты (в том числе и не известные до сих пор человеку), созвездия (некоторые, к примеру созвездие Волопаса, были открыты позже, только в XX веке), различные детали первых авто и т. п.

Препарат 89-39 Z представляет печень с метастазами в виде буддийского алмазного креста.

The liver is the anatomical structure that most frequently manifests the metastases of cancers of other organs. At the end of the 19th century in Lyon, an atlas was published with an impressive array of material—schematic drawings, patterns and decorations—relating to this subject, collected from all over Europe. During varying metastases, malignant tumors resemble musical instruments (including some thus far unknown to humankind), constellations (some constellations, e.g., Bootis, were discovered only in the 20th century), various parts of the first automobiles, etc.

Sample 89-39 Z is a liver with metastases in the form of the Buddhist diamond cross.

ПРОГУЛКА ПО ВЕРХНЕЙ ЧЕЛЮСТИ ХРИСТОФОРА ПСЕГЛАВЦА

В годы правления императора Деция Траяна, человек, носивший имя Репрев (Ρεπρεβος, ср. лат. *Reprobus* «отверженный, осуждённый, дурной») был захвачен во время боя с племенами в восточном Египте. Это был человек огромного роста и ужасающей силы. Он был красив, но, дабы избежать соблазнов и постоянно беспокоивших его женщин, упросил Господа обезобразить его внешность, превратив голову в собачью. Николас Серариус (Nicholas Serarius) в *Litaneutici* (Кельн, 1609 г.) пишет, что красота его не была явной. И женщины навсегда влюблялись в него незаметно от самих себя. Так в пасмурный день, когда не видно солнца, обгорает кожа.

После крещения Репрев получил имя «Христофор» и стал проповедовать христианскую веру, используя дарованную ангелом возможность говорить на дотоле незнакомом ему языке ликян. Язык этот был довольно необычен. Ликяне говорили на нем легко и свободно, а человеку другой народности изъясняться на нем было физически больно. Произносимые слова мучили рот как режущиеся зубы.

Ещё до крещения Репрев исповедовал веру в Христа и обличал тех, кто преследовал христиан. За ним были посланы 200 воинов, чтобы привести его, известного силача, к императору Децию. Репрев подчинился без сопротивления. В пути произошло чудо: жезл в руке святого расцвел. Появившиеся на жезле ростки пахли резко и неприятно, но понюхавшему их однажды, было трудно отказаться от повторного опыта. Деревянный

A STROLL ALONG THE MAXILLA OF CHRISTOPHER CYNOCEPHALUS

During the reign of Emperor Decius Trajan, a man known as Reprebus (Ρεπρεβος, cf. lat. *Reprobus* "reprobate, condemned, scoundrel") was captured during battle with tribes in western Egypt. The man was enormous and terribly strong. He was handsome, but in order to avoid temptation from the women constantly disturbing him, he entreated the Lord to disfigure him by turning his head into that of a dog. In his *Litaneutici* (Cologne, 1609), Nicholas Serarius writes that his beauty was not manifest. And women were always falling in love with him without noticing it. Just as, on an overcast day with no sun, you can still get sunburned.

After his baptism, Reprebus was given the name Christopher and began to proselytise the Christian faith, using a gift bestowed upon him by angels—speaking the Lycian language, hitherto unknown to him. This language was quite unusual. The Lycians spoke it freely and easily, while people of other nations found it physically painful to produce. The words pronounced tortured the mouth like newly cutting teeth.

Even before baptism, Reprebus professed his faith in Christ and denounced those who persecuted Christians. 200 warriors were sent after him, on orders to bring the famous strong-man to Emperor Decius. Reprebus submitted without resistance. A miracle occurred on the way: the staff he was holding bloomed. The shoots that appeared on the staff had a harsh and unpleasant smell, and whoever took one whiff found it difficult to refuse another try. The little

тюбик клея «Момент» отправлял туда, где так отвратительно, что пальчики оближешь.

Деций приказал бросить мученика в раскалённый медный ящик. Однако святой Христофор не испытывал страданий и остался невредим. После многих жестоких истязаний мученику отсекли голову мечом. У Вальтера Шпейерского в «Thesaurus anecdotorum novissimus» говорится «отражения Бога в глазах святого Христофора уменьшились словно груди, которые перевязывают бинтами, чтобы пропало молоко».

Есть версия, что образ псоглавца пришёл из коптской христианской живописи, на территории которых оставались следы почитания псоголового Анубиса. Копты, прощаясь с язычеством, выходя из древнеегипетской квартирки, так и не смогли громко хлопнуть дверью.

Иконы Христофора «с песьею главою» вместе с некоторыми другими спорными иконографическими сюжетами были официально запрещены распоряжением Синода от 1722 г. как «противные естеству, истории и самой истине». После запрета Христофор изображается антропоморфно, в образе воина. Известны переписанные изображения с записанной собачьей головой. Старообрядцы продолжали (и до сих пор продолжают) почитать Христофора-кинокефала, а запрет «господствующей церкви»

wooden tube of Superglue sends you to a place so disgusting it makes you long for more.

Decius ordered the martyr cast into a burning hot copper case. But St Christopher felt no pain and remained unharmed. After many cruel tortures, the martyr's head was chopped off with a sword. In Walter Schpeiersky's *Thesaurus anecdotorum novissimus* it is written: *The reflections of God in the eyes of St Christopher dwindled just as the milk dries up in breasts bound in bandages.*

One version states that the dog-headed icon came from the Coptic Christian painting tradition; traces of the cult of dog-headed Anubis still remained on their territory. Bidding farewell to paganism, leaving their ancient Egyptian apartment, the Copts still couldn't slam the door too loudly.

Icons of Christopher "with the head of a dog," as well as certain other controversial iconographic subjects, were officially banned by decree of the Holy Synod in 1722 as "contrary to nature, history and truth itself." Following the ban, Christopher was depicted anthropomorphously, in the image of a warrior. Copies of these images, with the dog's head drawn in, have been documented. Old Believers continued (and still continue) to revere Christopher-Cynocephalus; the ban of the "ruling church" only confirmed

лишь подтвердил и усилил это почитание. Свияжская иконописная традиция изображает Христофора не с собачьей, а с лошадиной головой. С головой той карусельной лошадки, у которой грубо нарисованные глаза хотят заплакать перед очередным ребенком, полезным маточным ископаемым.

Хранившиеся некоторое время в Константинополе мощи и голова святого затем были перевезены на остров Раб в Хорватии. Когда норманны вторглись на остров и осадили город Раб, горожане поместили мощи Христофора на стены. Чудесным образом ветер изменился и корабли отнесло от острова. На этом острове во время войны был концентрационный лагерь. Общепит второй мировой, где даже Бог ни разу не слышал крик «свободная касса!»

В Католической церкви Христофор —святой покровитель путешественников. Выпускаются медальоны с его именем, их часто помещают в автомобилях, чтобы помочь в путешествиях. Часто на них надпись «Si en San Cristóbal confías, de accidente no morirás» (Если верите в Святого Христофора, не умрете в аварии). Кроме всего прочего он заботится об эпилептиках и спасает от зубной боли. Когда советские космонавты летали, а Бога не видели, Он перед каждым полетом сильно волновался. Как бы чего не случилось. Незаметно гладил рукой их шлемы. Как боевые раны перед дождем.

and strengthened their worship. The Sviyazhsk icon-painting tradition depicts Christopher not with a dog's but a horse's head—the head of a carousel horse whose crudely painted eyes want to cry before each new child, mineral matrix.

The saint's relics and his head were kept for a time in Constantinople and then taken to the island of Rab in Croatia. When the Normans stormed the island and surrounded the city of Rab, the citizens put the relics of Christopher on the city walls. The wind changed miraculously and the ships were carried off away from the island. During the war there was a concentration camp on the island. The public cafeteria of the Second World War, where even God never once heard the "open cash register!" call.

Within the Catholic Church, Christopher is the saint protector of travellers. Medallions stamped with his name are often put in cars for help on journeys. They often bear the inscription *Si en San Cristóbal confías, de accidente no morirás* (if you believe in St Christopher, you won't die in an accident). Besides everything else he looks after epileptics and helps with toothaches. When the Soviet cosmonauts were flying and didn't see God, He would get very agitated before every take-off. To make sure nothing would go wrong. He surreptitiously stroked their helmets. Like war wounds before the rain.

МЕДВЕЖЬИ РАНЫ ЕВФИМИИ ВСЕХВАЛЬНОЙ

Евфимия Всехвальная, почитаемая в лике великомучеников, была жительницей Халкидона. Происходила из христианской семьи. Во время гонений императора Диоклетиана правитель города Приск повелел собрать всех жителей на праздник в честь бога Арея (Марса). Копье уже умирающего, приговоренного Историей, Марса противно стучало о землю как стучат стаканами пьяные на поминках, забывая, что чокаться здесь нельзя.

I I I I I

Местная христианская община во время языческого праздника тайно совершала свое богослужение, за что её члены, в том числе и Евфимия, были арестованы и приведены к Приску. Её подвергли различным истязаниям, в которых, как повествует житие, она осталась невредимой благодаря Божией помощи. От колеса с острыми ножами, которые при вращении отрезали куски тела, Евфимию спас явившейся ангел, остановивший колесо и исцеливший страшные раны. Колесо в холостую продолжало крутиться в воздухе словно в руках не рожавшей женщины крутилось непонятно как оказавшаяся кружка с надписью «Лучшая мама».

I I I I I

Видя мужество Евфимии, Приск приказал отдать её на растерзание зверям. В цирке на неё были выпущены звери — львы и медведи, но они, приблизившись к ней, лизали ноги. Одна только медведица нанесла ей рану, из которой потекла кровь. Эта медведица хотела ее просто потрогать, погладить, убедиться, что Евфимия действительно существует. Поверила, попав когтями туда, куда даже девочки смотрят краснея.

I I I I I

THE BEAR WOUNDS OF EUPHEMIA THE MOST-PRAISED

Euphemia the Most-Praised, prayed to the images of the great martyrs, was once a resident of Chalcedon. She came from a Christian family. During the persecutions of Emperor Diocletian, Prisk, the ruler of Chalcedon, ordered all the city-dwellers to gather for a celebration in honour of the god Ares (Mars). The spear of the dying Mars—already condemned by History—banged foully against the earth like drunkards hobnobbing at a wake, forgetting that glasses are not to be clinked on such occasions.

I I I I I

While the pagans celebrated, the local Christian community secretly administered their divine service, for which its members—including Euphemia—were arrested and brought before Prisk. Euphemia was subjected to various tortures, throughout which—as the hagiography attests—she remained unharmed, thanks to divine assistance. She was saved from a wheel with sharp knives that tore off pieces of flesh with each revolution by an angel who appeared, stopped the wheel and healed her terrible wounds. The wheel went on spinning idly in the air, as if a mug with the inscription "Best Mom" appeared out of nowhere and went spinning around in the hands of a woman who had not yet given birth.

I I I I I

Seeing Euphemia's bravery, Prisk ordered that she be thrown to wild beasts and torn to pieces. Wild beasts were let loose on her in the circus—lions and bears—but once they approached her, they began licking her feet. Only one she-bear gave her a wound that bled. This bear just wanted to touch her, stroke her, ascertain that Euphemia really existed. She started believing after getting her claws into a place where even little girls only look blushing.

I I I I I

В это время послышался голос с неба, призывавший Евфимию в горние обители, и тотчас она предала дух свой Господу, ради Коего со всею преданностью пострадала. И сотряслась земля и город заколебался, стены разрушились, храмы пали и всеми овладел великий ужас. Ужас и безысходность, как у мужчины из молдавского села, не способного прокормить семью и продающего левую почку.

I I I I I

Тело Евфимии было похоронено в окрестностях родного города. Позднее над её могилой был построен величественный храм, в котором в 451 году проходил Четвёртый Вселенский собор. В 617 году, после завоевания Халкидона персами, мощи перенесли в Константинополь. В период иконоборчества при императоре Константине Копрониме мощи Евфимии были выброшены в море. Мощи, попав в воду, были вынесены к берегам Лимасола рыбами, летом одетыми в тонкие волны, как зимой московские маленькие собачки в глупые комбинезоны.

I I I I I

At that time, a voice came down from the heavens summoning Euphemia to celestial abodes, and she forthwith commended her spirit to the Lord, for whose sake she had suffered with all devotion. And the earth shook and the city staggered, its walls collapsed, temples fell and all were overcome with great horror. Horror and hopelessness—like that of men from a Moldovan village, unable to feed their families and selling their left kidneys.

I I I I I

Euphemia's body was buried in the outskirts of her home city. Later, a magnificent church was built atop her grave; in 451 the Fourth Ecumenical Council was held there. In 617, after Chalcedon was conquered by the Persians, her relics were transferred to Constantinople. During the iconoclastic controversy of the reign of Emperor Constantine Copronyme, Euphemia's relics were tossed into the sea. When the relics hit the water, they were carried to the banks of Limassol by fish dressed in delicate waves for the summer—like little Moscow dogs dressed in silly coveralls in the winter.

I I I I I

ЯЗЫКИ ПЛАМЕНИ АНАСТАСИИ УЗОРЕШИТЕЛЬНИЦЫ

Анастасия Младшая—христианская великомученица. В русской традиции, она известна как Анастасия Узорешительница, за то, что облегчала, или «разрешала», страдания узников-христиан. Анастасия была знатной римлянкой, ученицей святого Хрисогона. После казни учителя она начала странствовать, чтобы помогать христианам, которые подвергались суровым гонениям. Она прошла через Грецию, Македонию; по её прибытии в Сирмиум Анастасия была схвачена и после мучений сожжена на костре. Языки пламени, шипящие под небом, просились к ней внутрь как просятся наружу прямо сейчас кемеровские шахтеры, стучащие под завалом.

Почитание Святой Анастасии на Западе было широко распространено, что подтверждает воздвигнутый еще в IV веке в Риме у подножия Палатина и сохранившийся до наших дней храм ее имени. В церкви Св. Анастасии традиционно Папа служил вторую рождественскую мессу в ее честь. Позже месса трансформировалась в так называемую «мессу на рассвете» (*Missa in aurora*). На рассвете вместо солнца режиссер всегда использует двойника-каскадера. Потом тщательно монтирует кадры, вставляя главного героя, избалованного и капризного. На обложке ежедневного неба оно в дорогих дизайнерских облаках от Heaven & Hell.

ANASTASIA THE DELIVERER FROM BONDS
AND HER TONGUES OF FLAME

Anastasia the Younger was a great Christian martyr. In the Russian tradition she is known as Anastasia the Deliverer from Bonds for easing or "delivering" the suffering of Christians in bondage. Anastasia was a gentle-born Roman citizen, a pupil of St. Chrysogonus. After her teacher was executed, she began to travel about in order to help Christians who were being subjected to cruel persecutions. She passed through Greece, Macedonia; upon her arrival in Sirmium, Anastasia was seized and, after being tortured, burned at the stake. The tongues of flame hissing beneath the heavens begged to be let inside of her, just as the miners of Kemerovo are right now begging to be let out, banging out from beneath the debris.

UᑎU

St Anastasia was venerated widely in the West, as is attested to by the church erected in her name at the foot of the Palatine Hill in Rome in the fourth century, and still standing to this day. The Pope traditionally celebrated the second Christmas mass in the Church of St Anastasia in her honour. Later, the mass metamorphosed into the so-called "sunrise mass" (*Missa in aurora*). At sunrise, the director always uses a stunt-double in place of the sun. Afterwards he makes a careful montage of the shots, inserting the spoiled and capricious protagonist. On the cover of the daily sky, it's wearing expensive designer Heaven & Hell-brand clouds.

Традиционно в России, в день почитания Анастасии Узорешительницы (4 января по новому стилю), с молитвами к этой Святой, женщины вышивают специальное полотенце, которое должно помочь благополучно разрешиться от многоплодной беременности. Детей в матке нужно держать парами как волнистых попугайчиков в клетке. По одному они скучают, плохо едят и рождаются молчаливыми. Чаще мальчиками.

In Russia, on the day of veneration for Anastasia the Deliverer from Bonds (4 January new-style), women traditionally pray to this Saint while embroidering special towels that are supposed to help deliver them safely from plural pregnancies. Children in the uterus must be kept in pairs like caged budgies. When on their own, they get apathetic, eat poorly and are born taciturn. More often boys.

ЯВЛЕНИЕ ЛИЛИТ СВЯТЫМ КИЕВО-ПЕЧЕРСКОГО МОНАСТЫРЯ

Бысть житие его, яко одиного от птиц...

Марк Пещерник:

> глаза ее были цвета горячего зеленого чая. Если тихонечко
> подуть на них—на поверхности глаз появлялась рябь, и они
> быстро остывали

Прохор Лебедник:

> молчание ее губ безуспешно хотело прикоснуться к краям моего
> голоса и сделать в нем ямочки для новых звуков. Наверное, эти
> ямочки болели бы совсем чуть-чуть

Феодосий Агапит:

> она была индийским слоненком среди африканских слонов. На их
> языке слово «нет» звучало так красиво, что его истинное значение
> давно никого не интересовало

Иоанн Многотерпеливый:

> запах отделяется от нее и, достаточное время сохраняя силу,
> сдвигает по очереди другие запахи немного в сторону от их
> источников. Все это напоминает игру в парфюмерный бильярд

Алипий Иконописец:

> пишущий ее—медленно обводит кисточкой мгновения из
> прошлого. Отдавая предпочтение тем, в которых она особенно
> красива. Отвергнутые мгновения в ответ склеиваются и
> самостоятельно формируют другую версию портрета

THE APPEARANCE OF LILITH TO THE SAINTS
OF THE KIEV-PECHERSK MONASTERY

This is the tale of his life, like that of a bird . . .

Mark the Cave-Dweller:
> her eyes were the colour of hot green tea. If you blew lightly on
> them—a ripple would appear on the surface of her eyes, and they
> would quickly cool

Prokhor Lebednik:
> the silence of her lips wished vainly to touch the edges of my voice
> and make dimples for new sounds in it. Probably these dimples would
> hurt, just a tiny bit

Theodosius Agapitus:
> she was an Indian elephant among African elephants. In their language
> the word "no" sounded so beautiful that its true meaning had long ago
> ceased to interest anyone

John the Long-Suffering:
> her scent separates from her and, maintaining its strength for the
> necessary amount of time, shifts other scents slightly away from their
> sources. It all recalls a game of perfume billiards

Alimpy the Icon-Painter:
> he who paints her slowly traces moments from the past with his
> brush. Giving preference to the ones in which she is especially lovely.
> In response, the rejected moments clump together and independently
> form a different version of the portrait

Моисей Угрин:

к счастью, у нее не было крыльев. Иначе их отгрыз бы от
зависти ангел Azazel. Так он всегда поступает с бабочками.

Никон Сухой:

она—маленькое облако, которое кто-то столкнул вниз. Не знаю,
сможет ли она научиться летать. На небе ей даже не успели
рассказать про все опасности повышенного атмосферного давления

Григорий Чудотворец:

входящему в нее открываются все скрытые возможности его
семени. Которое больше не нужно очерчивать контурами
чужого тела

Пимен Многоболезненный:

она умерла, доверившись возможности увеличить себя
путешествием. Путешествием в исчезновение. Так обычно
похищают детей

Moses Ugrin:

>luckily, she didn't have wings. Otherwise the angel Azazel would have bitten them off in envy. That's what he always does with butterflies

Nikon Sukhoi:

>she is a little cloud that someone shoved downward. I don't know if she will be able to learn to fly. In heaven they didn't have time to tell her about all the dangers of elevated atmospheric pressure

Gregory the Miracle-Worker:

>to the one who enters her are opened all the hidden possibilities of his seed. Which no longer needs to be delineated by the contours of a strange body

Poemen the Greatly-Pained:

>she died, having placed her faith in the possibility of enlarging oneself through travel. Travel to disappearance. That's how children are usually kidnapped

АКЦИЯ СМЕРТИ В ГАММЕЛЬНЕ

.

Входя в реку, доверчивые крысы думали, что они—русские. Что, и без того изящные, лапки их самок будут выглядеть еще эффектнее, крестясь по-православному. И тот, кто как бы Владимир, сыграет на дудочке, впервые ни разу не сфальшивив.

.

Дудочка, звавшая крыс к реке, была изготовлена специально. Городской мастер Иоахим использовал южноамериканское дерево сиутль, настолько легкое, что способно порхать в воздухе, как мотылек.

.

Накануне массового уничтожения крыс часы на городской площади вели себя странно. Тени их стрелок сжались и подрагивали, не подпуская к себе близко время.

.

Крысы, погружаясь в воду, через несколько часов всплывали серыми архимедиками смерти. Понемногу выдавливая из волн самые красивые линии.

.

Они умирали медленно, по очереди. Недомогание целого народца закончилось лишь к вечеру.

.

Сортировщикам, работающим в крысином Чистилище, за этот день выплатили сверхурочные. Но особенно хорошо подзаработали конвойные, сопровождавшие новоприбывших в Рай.

.

На следующий день трупики словно принимали участие в небольшом празднике парусного флота, толкая друг друга с загадочной жестокостью.

.

После гибели крыс река постоянно покрыта тонким слоем пены. Говорят, что из нее до сих пор иногда рождаются афродитки. Девочки-крысы с совершенными телами.

DEATH-PERFORMANCE IN HAMELIN

.

Entering the river, the gullible rats thought they were Russians. That the paws of their females, already so exquisite, would look even more impressive making the sign of the cross Orthodox-style. And that same guy, probably named Vladimir, will start playing the pipes for the first time and without once hitting a wrong note.

.

The pipes calling the rats to the river were made to order. Joachim, the local craftsman used siutl wood from South America, which is so light it can flutter around in the air like a moth.

.

The night before the mass extermination of the rats, the clock in the town square was behaving strangely. The shadows of its hands crouched together and trembled, not letting the time get close.

.

The rats plunging into the water after a couple of hours popped back up, little grey Archimedes of death. Little by little forcing the most beautiful lines out from the waves.

.

They died slowly, taking turns. The upset of an entire little nation ended only towards evening.

.

The cullers working in Rat Purgatory that day were paid for overtime. But the convoys escorting the new arrivals to Heaven made out especially well.

.

The next day the little corpses seemed to take part in a small sailing holiday, shoving each other around with mysterious cruelty.

.

Ever since the destruction of the rats, the river has been covered with a thin layer of foam. They say that to this day, from time to time little Aphrodites are born from it. Little rat-girls with perfect bodies.

Contributor Bios

ANDREI SEN-SENKOV is the author of more than ten books of poetry and prose, as well as solo and collaborative publications/performances involving visual poetry and experimental music. He has also published translations of poetry and a children's book of original fairy tales, *A Cat Named Mouse*. He is a regular participant in literary festivals in Russia and abroad. In 1998 he was an award-winner at the Turgenev Festival for Short Prose, and in 2006, 2008 and 2012 he was shortlisted for the Andrei Bely Prize. In the U.S., his work has been published in journals such as *Aufgabe, Interim, Jacket,* and *Zoland Poetry,* and anthologized in *Crossing Centuries* (Talisman).

AINSLEY MORSE has been translating 20th- and 21st-century Russian and (former-) Yugoslav literature since 2006. A longtime student of both literatures, she is currently writing a dissertation on unofficial Soviet-era literature at Harvard University. In addition to the *Anatomical Theater,* she is the co-translator (with Bela Shayevich) of *I Live I See: the Collected Poems of Vsevolod Nekrasov* (UDP, 2013). Current translation projects include an anthology of Lianozovo poets and a collection of contemporary Russian experimental prose, as well as ongoing work with twentieth-century Yugoslav authors.

PETER GOLUB is a writer and translator living in San Francisco. He has published in *Circumference, PEN America,* and *Playboy.* He is a translator of contemporary Russian poetry and has worked on several anthologies, including the large online project *The New Russian Poetry (Jacket 2).* He has one book of poems, *My Imagined Funeral* (Argo Risk Press, 2007). He is the recipient of a PEN Translation Grant, and is an editor with *St. Petersburg Review.* The translation of this book was supported by a BILTC Translation Fellowship.